Renate Riemeck · Rosalia und ihre Nachfahren

Renate Riemeck

Rosalia

und ihre Nachfahren

Ostdeutsche Vergangenheit
in Lebensbildern

MAYER

Professor Dr. Renate Riemeck, geboren 1920 in Breslau, Studium der Geschichte, Germanistik und Kunstgeschichte in Jena und München, 1943 Dissertation über »Spätmittelalterliche Ketzerbewegungen«, Berufung in die Lehrerbildung: als Dozentin an der Pädagogischen Hochschule in Oldenburg i. O., als Professorin an der Kant-Hochschule Braunschweig, dem Pädagogischen Institut Weilburg, der Pädagogischen Hochschule Wuppertal, Lehrauftrag an der Universität Marburg. Über viele Jahre als Publizistin und freie Schriftstellerin tätig, Veröffentlichungen in verschiedenen Verlagen. Politisches Engagement, unter anderem: Mitbegründerin der »Deutschen Friedensunion«, Mitarbeit in der »Prager Christlichen Friedenskonferenz«.

Die Deutsche Bibliothek – CIP-Einheitsaufnahme

Riemeck, Renate:
Rosalia und ihre Nachfahren : ostdeutsche Vergangenheit in Lebensbildern / Renate Riemeck –
Stuttgart ; Berlin : Mayer, 1997
ISBN 3-932386-03-5

ISBN 3-932386-03-5

Umschlag: Lothar Reher, Berlin
Satz und Druck: Offizin Chr. Scheufele, Stuttgart

Inhalt

Vorbemerkung

Die Rosalia Steffen, geborene Müller, von der hier erzählt wird, war eine typisch deutsche Frau aus der zweiten Hälfte des 19. Jahrhunderts: arbeitsam, zuverlässig, ihrem Ehemann treu ergeben und durchaus nicht ungebildet.

Sie stammte aus Westpreußen und war stolz darauf. Kennengelernt habe ich sie nie, die Mutter meiner Mutter. Sie war schon längst gestorben, als ich auf die Welt kam. Dennoch weiß ich sehr viel von ihr, so viel, daß ich ihre Biographie schreiben kann. Das hängt mit den fünf Kindern zusammen – drei Söhne und zwei Töchter – die farbig von ihr berichten konnten.

Dennoch hätte sie mich nicht sehr interessiert, wäre ich nicht zufällig auf die Tatsache gestoßen, daß sie just zu einem Zeitpunkt geboren wurde, der für die Geschichte Mitteleuropas von hoher Bedeutung war.

Daß ich zu dieser Erkenntnis kam, verdanke ich der Tatsache, daß ich vor Beginn meines Studiums (1940) – das Abitur war uns zu Kriegsbeginn »nachgeworfen« worden – meine »arische«, also nichtjüdische Abstammung nachweisen mußte, um mich an der Universität einschreiben lassen zu können. Ich hatte großes Glück dabei; denn es war ein leichtes, die erforderlichen Urkunden zu beschaffen: Westpreußen, von wo meine Großeltern stammten, das durch den Versailler Vertrag (1919) polnisch geworden war, wurde durch den Überfall der Nazis auf Polen gerade wieder eingedeutscht. So bekam ich die Tauf- und Heiratsurkunden meiner Großeltern ohne Schwierigkeiten.

Rosalias Vater, der »Forstgehilfe« bei einem der vielen westpreußischen Grafen von Keyserlingk war, hatte in der Revolution von 1848 gerade seinen Herrn nach Frankfurt am Main begleitet, wo man abschließend über einen Verfassungsentwurf für das neu zu schaffende »Reich« beriet. Der »Forstgehilfe« gehörte natürlich nicht zu den Beratern, aber selbst in seinem westpreußischen Dorf redete man von den großen Veränderungen, die in den deutschen Landen vor sich gehen sollten. Als er von Frankfurt zurückkehrte, war ihm eine Tochter geboren worden, die er auf den Namen Rosalia taufen ließ.

Und das war sie also, meine Großmutter. Aus sehr persönlichen Gründen erhielt sie eine echt aristokratische Erziehung, wurde dieser wieder entrissen und lebte fortan in ganz einfachen Verhältnissen.

Wenn man sich mit ihr beschäftigen will, muß man sich etwas mit dem preußischen Adel befassen, zugleich auch die unteren Volksschichten betrachten können, in die sie zurückgestoßen wurde. Aber das macht ja nun gerade das persönliche Leben der Menschen in einer bestimmten Ära der Geschichte aus.

Rosalia hat ihre zeitweilig aristokratische Erziehung nie vergessen können, dachte später immer kaisertreu und hohenzollernsch. Dennoch hat sie nicht verhindern können, daß ihre Kinder ganz andere Wege gingen.

Ihr sehr geliebter ältester Sohn wurde Sowjetbürger, ihr zweiter beinahe ein Fahnenflüchtiger und ihr jüngster ein überzeugter Demokrat in der Weimarer Republik. Ihre älteste Tochter paßte sich den jeweiligen politischen Lebensverhältnissen an und verfiel nach 1933 dem Nationalsozialismus, die jüngere, meine Mutter, dachte antifaschistisch und war freiheitlich gesinnt.

Die Lebenswege von Rosalias Kindern zu untersuchen, bedeutet deshalb, sich mit einem typischen Stück mitteleuropäischer Geschichte zu befassen: von der Revolution des Jahres 1848 über die Zeit des Nationalsozialismus, der Hitlerherrschaft (1933–45) und der Zerstörung Mitteleuropas im Zweiten Weltkrieg bis zum mühsamen Wiederaufbau in zwei antagonistischen Staatswesen.

Ein ganzes Jahrhundert verlustreicher deutscher Geschichte steht im Hintergrund der Geschichte von Rosalia und ihren Kindern. Rosalia hätte es nie für möglich halten können, was mit Deutschland geschehen ist, was sich alles nach den Tagen ihrer Geburt 1848 zutragen konnte – in nur einem Jahrhundert mitteleuropäischer Geschichte.

Mitteleuropa gibt es nicht mehr. Man mag es bedauern. Aber die Geschichte geht weiter.

Frühjahr 1997 — Renate Riemeck

Umgebung von Danzig

Rosalia, die Schönheit

Sie soll eine schöne Frau gewesen sein, eine sehr schöne sogar. Sie war, was man eine Schönheit nennt.

Den Unterschied zwischen »schöner Frau« und »Schönheit« hätte meine Mutter sofort erklären können. Auf derlei Dinge verstand sie sich bestens. Außerdem, – sie war ihre Tochter. Von meiner Großmutter soll also erzählt werden.

Ich habe sie nie gesehen. Als ich geboren wurde, war sie längst gestorben. Aber ich kenne sie, und zwar sehr gut. Das macht, weil ich so viel von ihr erzählt bekommen habe, und immer in Tönen höchster Bewunderung.

So müssen die Alten von »Kriemhild« gesprochen haben, die ja auch so schön war. So hat Theodor Fontane die »Effi Briest« geschildert oder Tolstoi seine »Natascha« in »Krieg und Frieden«. Die Natascha kommt ihr wohl am nächsten, nur war sie keine russische Fürstentochter, sondern das Kind eines Forstgehilfen, der beim Grafen Keyserlingk »in Diensten« stand. Aber mit den genannten Gestalten der Literatur hat sie viel gemein. Und wie diese war sie ein Kind des 19. Jahrhunderts.

Geboren wurde sie am 26. Oktober des Revolutionsjahres 1848 in Rheda (Westpreußen), einem Dorf, dessen Namen man auf keiner alten Landkarte mehr finden kann. Als ihr Vater, der Forstgehilfe, sie taufen ließ und der Pfarrer den Namen *Rosalia*

Franziska ins Kirchenbuch eintrug, lag die Revolution schon in den letzten Zügen. Einen Tag nach ihrer Geburt, am 27. Oktober 1848, berieten die besten Deutschen jener Zeit in der Frankfurter Paulskirche über den Entwurf für eine Verfassung, die man dem »Deutschen Reich« geben wollte. Vier Tage später, am 31. Oktober, nehmen kaiserliche Truppen nach schweren Kämpfen die Stadt Wien ein, und Robert Blum, Mitglied der »Deutschen Nationalversammlung« wird erschossen.

In Rheda wird man nicht allzuviel davon gewußt haben. Westpreußen war königstreu und man hatte nicht viel mit revolutionären Veränderungen im Sinn. Der Forstgehilfe des Grafen von Keyserlingk dürfte sich kaum für »Freiheit« und »Einheit« oder Volkssouveränität interessiert haben. Und falls er doch damit befaßt worden sein sollte, dann hat er bestimmt auf der falschen Seite der Barrikaden gestanden und für die Aufrechterhaltung der alten Ordnung gekämpft. Das tut mir sehr leid, aber es ist bedauerlicherweise die richtige Mutmaßung. Die Großmutter möge es ihrer Enkelin verzeihen, daß sie ihrem Vater nichts besseres nachsagen kann. Aber wäre er ein Freiheitskämpfer gewesen, dann hätte seine Tochter Rosalia wohl nicht das Glück gehabt, ins Grafenhaus geholt zu werden, als ihr Vater beim Baumfällen von einem herabfallenden Ast erschlagen wurde.

Das geschah einige Jahre nach der Revolution. Er muß ein so treuer Diener seines Herrn gewesen sein, daß »die Frau Gräfin« seine verwaiste Tochter unverzüglich in ihr »Schloß« holte. Ein richtiges Schloß ist es kaum gewesen, aber die Dorfleute sprachen vom Herrenhaus als vom »Schloß«. So war das Unglück gleichzeitig Rosalias Glück.

Es klingt fast wie ein Märchen: Eine edle Frau erbarmt sich eines Waisenkindes, nimmt sich seiner an und läßt es sogar durch einen französischen Hauslehrer bilden und erziehen.

Ganz so edelmütig ist die Gräfin aber kaum gewesen. Die Sache verlief etwas anders. Die Gräfin sorgte sich um ihren kleinen Sohn, der ein »Bluter« war, also an schwer stillbaren Blutungen litt, wenn er sich auch nur leicht verletzt hatte. Der »kleine Graf« mußte also höchst sorgsam behandelt werden, und seine Mutter hatte schon längere Zeit nach einer Gespielin für ihr Kind gesucht. Diese mußte geduldig und still das gefährdete Kind begleiten können. Da kam ihr Rosalia wie gerufen. Sie war sehr sittsam erzogen worden und äußerst bescheiden. Daß sie obendrein ein intelligentes Kind war, konnte der Gräfin nur gefallen. Das Mädchen fügte sich im Nu in die Gepflogenheiten des Hauses ein, wurde mit dem »kleinen Grafen« zusammen von einem französischen Hauslehrer unterrichtet und erzogen, konnte schnell französisch »parlieren«, Gedichte von Racine aufsagen und Fabeln von La Fontaine zum besten geben. Sie wußte auch bald, daß Corneille ein großer Dichter war, und sie wiederholte dem »kleinen Grafen«, was der Hauslehrer aus dem »Cid« erzählt hatte. Die beiden Kinder verstanden sich bestens und Rosalia genoß das Leben im »Schloß«, das so herrlich und so frei war.

Vor allem »die Frau Gräfin« hatte es Rosalia angetan. Das Kind machte ihr alles nach, was es für vornehm und edel hielt. So hatte Rosalia einmal gesehen, wie die Gräfin vor dem Spiegel ihren »Hofknicks« kontrollierte, bevor sie auf eine Reise nach Berlin ging. Sie lief gleich ins Nebenzimmer, wo es natürlich auch einen großen Spiegel gab, und übte den komplizierten Knicks. Auch andere Dinge fand sie kolossal »chic«, zum Beispiel das »Eh bien«, das die Gräfin stets zu ihrem Hausverwalter sagte, bevor sie ihm einen Tadel erteilte. Das »Eh bien« übernahm Rosalia, bevor sie dem »kleinen Grafen« eine Geschichte erzählen wollte, was sie oft und gerne tat.

Alles lief glatt und schön im Grafenhaus. Herrlich waren die Schlittenfahrten im Winter, wenn sie dick vermummt mit dem Jungen unter einer Decke saß, oder wenn sie ihn im Sommer auf weiten Fahrten durch Wald und Feld begleitete. »Zephyrleicht und eben« floß ihr Leben dahin, hätte Schiller gesagt, würde er es gesehen haben. Von Schiller wissen wir aber auch: »Doch das Unheil schreitet schnell.« Rosalia sollte das bewahrheitet finden, als sie gerade ihr zwölftes Lebensjahr vollendet hatte. In Gestalt ihrer Mutter, der »Försterswitwe«, trat ihr das schnell schreitende »Unheil« entgegen.

Eines Tages erschien nämlich die Mutter hochroten Kopfes im »Schloß«, durcheilte weit ausschreitend mit fliegenden Röcken den Schloßhof, betrat das Herrenhaus und ohne anzuklopfen drang sie ins »Damenzimmer« ein, machte der Gräfin eine häßliche, fast ordinäre Szene, ergriff ihre Tochter und zerrte sie wutschnaubend aus dem Haus. »Nie wieder wirst du dieses Schloß betreten!«, schimpfte sie und zog mit der weinenden Rosalia ab. Was war geschehen?

Die Försterswitwe hatte im Dorf gehört, daß die Gräfin ihrer Rosalia die Zöpfe hatte abschneiden lassen, und so sagte sie der Gräfin alle Schande, lief mit ihrer Tochter davon und schleppte sie in ihre armselige »Kate« am Rande des Dorfes. Aus war der Traum vom aristokratischen Leben! Rosalia stürzte von heute auf morgen in die Niederungen der »armen Leute«. Es half ihr nichts, daß sie hemmungslos weinte und der Mutter vergeblich zu erklären versuchte, was eigentlich geschehen war. Es war ja wahr, die Gräfin hatte ihr die dicken Zöpfe abschneiden lassen. Sie brauche einen neuen »Dutt«, hatte sie ihr erklärt, ihr einen Kuß gegeben, Schokolade geschenkt und sie getröstet. Die Zöpfe würden bald nachgewachsen sein, hatte sie ihr versichert, und sie habe doch nun mal die gleiche Haarfarbe wie sie.

Die Gräfin, die liebe nette Gräfin! Rosalia hatte nicht einmal geweint, als sie ihre abgeschnittenen Zöpfe auf dem Tisch liegen sah. Bestimmt würden die Haare bald wieder wachsen. Aber nun kam die Mutter. »Eine Schande ist das!«, schrie sie und führte die heulende Rosalia rücksichtslos aus dem Schloß.

Rosalia verlor ihre »vornehme«, aristokratische Umwelt, und in der heimischen Kate wartete schon das nächste Unglück auf sie; der Dorftischler, der zu ihrem Stiefvater geworden war. Die Försterswitwe hatte wieder geheiratet, und ihr neuer Ehemann war ganz und gar nicht entzückt, als er Familienzuwachs bekam. Hatte er doch schon mehrere eigene Kinder zu ernähren und »Schmalhans war Küchenmeister« bei den »kleinen Leuten« im westpreußischen Lande. Doch der Tischler war nicht dumm. Er erholte sich schnell von dem Schrecken und wußte auch gleich, wie er Kapital aus Rosalias Französischkenntnissen schlagen konnte. Er verhökerte die Zwölfjährige als Dienstmagd an einen Kleinhändler in Mechau, der kleinen Stadt an der Danziger Bucht.

Französisch war noch immer die Umgangssprache »gebildeter« Bürger in Preußen und auch derjenigen, die sich dafür hielten. Eine französisch sprechende Dienstmagd hob das Ansehen auch des kleinsten der Kleinbürger. So hatte sich Rosalias Leben zwar schlagartig geändert; das Französische aber war ihr geblieben.

Jetzt mußte sie Treppen kehren, Fußböden putzen, Wäsche waschen und aufhängen, und statt der Tischgespräche, denen sie neugierig zugehört hatte, gab es jetzt banales Gerede über Hinz und Kunz.

Warum nur hatte ihre Mutter so rigoros gehandelt? Sie zerstörte Rosalia ihr bisheriges Leben, und weder der Graf noch die Gräfin waren ihr zur Hilfe gekommen. Das tat am meisten weh. Doch sie hätten gar nichts für sie tun können. Die Försterswitwe war im Recht. Die Zeit der »Gutsuntertänigkeit« war längst vorüber. Der Freiherr vom und zum Stein und Hardenberg hatten neue Verhältnisse geschaffen, und von ferne wirkte auch noch die Französische Revolution von 1789 herüber: »Freiheit, Gleichheit, Brüderlichkeit«. Auch wenn man in Preußen noch lange nicht Freiheit und Gleichheit zur Wirklichkeit gemacht hatte, die Lebensverhältnisse hatten sich eben doch geändert. Und so konnte die Försterswitwe der Gräfin »ihre Meinung sagen« und nach eigenem Ermessen handeln.

Wir begreifen das heute als Fortschritt. Für Rosalia aber kam dieser Fortschritt einem tiefen Fall gleich. Sie war in die unteren Schichten der Bevölkerung gestürzt worden, und noch lange konnte sie über das Ereignis nicht hinwegkommen, das ihre Mutter verursacht hatte. Sie lief mit finsterer Miene durch ihre Tage und wurde sehr verschlossen gegenüber ihrer Umwelt. Aber sie war eben eine Preußin und also zum Gehorsam erzogen. Ihre tägliche Arbeit verrichtete sie korrekt und tadellos. Doch über die zehn Jahre als »Dienstmagd« – von 1860 bis 1870/71 – hat sie später nie gesprochen. Man kann also nur erraten, wie sie in dieser Zeit gelebt hat.

Es war ja die Zeit Bismarcks, des preußischen Ministerpräsidenten und deutschen Reichskanzlers. Rosalia war Zeitzeugin des preußisch-österreichischen Krieges von 1866 und auch des Krieges, den Bismarck gegen Frankreich 1870/71 vom Zaune brach. Ob sie den Siegestaumel der »Bismarckdeutschen« geteilt hat, ist mehr als zweifelhaft. Sie scheint sich nicht über den preußischen Erfolg gefreut zu haben; denn im Unterschied zu den meisten ihrer Zeitgenossen hat sie, nachdem sie geheiratet hatte und Mutter geworden war, keinem ihrer Söhne einen preußischen Herrschernamen gegeben. Während nach 1866 und 1871 die Friedriche und Wilhelme nur so vom Himmel purzelten, nannte sie ihre Kinder Franz Joseph, Alexander und Leopold. Der österreichische Kaiser, der russische Zar und der belgische König waren die Vorbilder, nicht aber die Hohenzollern. Dynastisch sollten die Namen zwar klingen. Sie war ja im Grafenhaus aufgewachsen. Aber preußisch? Nein.

Sie konnte es den Preußen nie verzeihen, daß sie die Schlacht von Königgrätz (1866) siegreich geschlagen und Österreich von Deutschland getrennt hatten. Und daß 1870 Bismarck die »Emser Depesche« gefälscht hatte, um in Frankreich einfallen zu können, fand sie nichtswürdig und gemein. Die Westpreußin Rosalia dachte nicht preußisch in diesen historischen Fällen. Aber von dem Siegestaumel, der die Deutschen nach der Gründung des Reiches erfaßt hatte, blieb sie doch nicht ganz unberührt. Sie nahm nämlich an den regelmäßigen »Tanzvergnügen« teil, die jeden Sonnabend in Stadt und Land stattfanden. Nach jedem Krieg tanzte man ja immer noch auf dörflichen und städtischen Veranstaltungen und nach einem siegreichen erst recht.

Auf einem solchen »Tanzvergnügen« ist es dann geschehen, daß sie 1871 einem flotten jungen Mann begegnet ist, der gerade aus dem Krieg mit Frankreich zurückgekehrt war. Er hieß *Johannes Steffan* und sollte mein Großvater werden. Als er sie im Saale erblickte, war sein erster Gedanke: »Sieh mal an! Schöne Frauen scheint's nicht nur in Frankreich zu geben«, und Hals über Kopf verliebte er sich in Rosalia. Er forderte sie zum Tanzen auf und verbeugte sich mit den Worten: »Parlez-vous francais Mademoiselle?«, worauf sie »Oui, Monsieur« sagte und mit ihm davontanzte. Aus diesem französischen Kurzdialog und dem Tanz sollte eine Ehe mit fünf Kindern werden. Eines davon war meine Mutter. Schon beim ersten Tanz fand Rosalia heraus, daß der sympathische junge Mann zwar ganz passabel französisch sprach, aber durchaus nicht »gebildet« war. Er hatte noch nicht einmal Emile Zola gelesen und auch Verlaine war ihm unbekannt. Als er sich mit ihr erneut verabreden wollte, mußte er versprechen, mindestens einen der Zola-Romane gelesen zu haben. Und er tat es auch. Das ging so weiter. Von Mal zu Mal wurde er belesener und ihr eifriger Schüler. Als sie ihn schon etwas mehr in die neuere französische Literatur eingeführt hatte und er sich auf ihr Anraten auch eine französische Wochenzeitung abonnierte – »Sie können doch ihr bißchen Kriegsfranzösisch nicht gleich wieder verlernen« –, kam man sich schon etwas näher, und schließlich willigte Rosalia in die Verlobung ein. Mit der Heirat aber ließ sie sich sehr viel Zeit. Immer wieder fand sie einen Grund, das Hochzeitsdatum hinauszuschieben.

Er war ein hübscher junger Mann und verdiente sein Geld als Bernsteinaufkäufer, indem er mit einem zweirädrigen Karren in die Fischerdörfer fuhr und nach dem Fischfang das »Gold der Ostsee« aus den Netzen herausholte. Das war ja immerhin ein ehrenwerter Beruf. Aber seine Verwandtschaft! Als Rosalia erstmals einen seiner Vettern sah und sprach, erschrak sie zutiefst. »Kaschubisch« tönte ihr entgegen. Sie sprachen zwar alle deutsch, die Verwandten aus Zdrada, dem Geburtsort des Bräutigam, aber untereinander redeten sie in einer Sprache, die dem Polnischen ähnlich war: »Ta, Johannka, ta moja« (Johannchen, ich liebe dich), sangen sie beim Tanzen. Das klang ja ganz hübsch, aber auch sehr fremd.

Die Leute aus Zdrada waren allesamt laut und lärmend. Rosalia dachte an das Grafenhaus und wie sie daraus vertrieben worden war, an ihre Zeit als französisch sprechende Dienstmagd, und nun dieses: Kaschuben! Mit ihnen wollte sie nichts zu tun haben. Aber so lange sie ihre Verlobungszeit auch ausdehnte, sie wurde ja nicht jünger und war sowieso schon dreiundzwanzig und zwei Jahre älter als er. Ihre Altersgenossinnen hatten schon mindestens zwei, drei Kinder, als sie dem Hochzeitstermin zustimmte. Sechsundzwanzig Jahre war sie alt, als die Hochzeitsglocken läuteten.

Aber sobald das Läuten begann, wurde sie von Verzweiflung gepackt. Sie schloß sich in ihrer Stube ein, zog die Vorhänge zu und ließ sich nicht blicken. Draußen waren die Leiterwagen aus Zdrada vorgefahren, vollgeladen mit lauter Kaschuben. Schwarz gekleidete Frauen drängten sich vor dem Haus, Kinder mit dicken Bauernsträußen in den Händen sprangen über den Hof, Männer in bunten Trachten formierten sich zum Hochzeitszug. Rosalia blieb aber im verschlossenen Zimmer. Der hilflose Bräutigam rannte vor ihr Fenster und flehte sie an. Er tat es glücklicherweise auf französisch, sonst wäre er zum Gespött der ganzen Verwandtschaft geworden. Erst

Rosalia

Rosalia Müller 1848 – 1900	Johannes Steffan 1851 – 1934
Erziehung im Grafenhaus Keyserlingk bis 1860	1870/71 Frankreichfeldzug
»Dienstmagd« in Mechau	Bernsteinaufkäufer an der Ostsee
Französischlehrerin in Neustadt	

Hochzeit 1872

fünf Kinder

Franz Joseph
Alexander
Hedwig
Agnes Anastasia (meine Mutter)
Leopold

als er ein deutsches Liebeslied sang: »Ich liebe dich so wie du mich«, gab sie endlich nach und trat heraus. Als dann in der Brautmesse der »Introitus« gesungen wurde: »Deus Israel conjugat vos ...« (Der Gott Israels verbinde euch), wußte sie, daß nun nichts mehr rückgängig zu machen war. Glücklich war sie nicht.

Nach der Messe wurde eine echte kaschubische Hochzeit gefeiert, die bekanntlich eine ganze Woche dauert. Es wurde getanzt, gesungen, gelärmt und über die Maßen getrunken. (»Das gute Bier aus Putzig«, versteht sich.) Ein »Krakowiak« nach dem anderen wurde hingelegt, Polka und Ländler und Walzer getanzt, bis alle müde waren. Rosalia fand das gar nicht schön, und schon am nächsten Tag erinnerte sie ihren Johann daran, daß er ihr versprochen hatte, unauffällig am zweiten Tag die Hochzeitsgesellschaft zu verlassen. Er hatte schon eine geräumige Wohnung in Danzig-Langfuhr gemietet und mit Möbeln versehen. Die Brautleute verschwanden und begaben sich wie verabredet nach dort.

Hier wurde ein Jahr später das erste Kind geboren: *Franz Joseph*, der geliebte älteste Sohn Rosalias. Aber auch *Alexander* und *Leopold*, ihr jüngstes Kind, sowie die beiden Töchter Hedwig und Agnes (meine Mutter) erblickten hier das Licht der Welt. Die Namengebung für die beiden Mädchen hatte sie ihrem Ehemann zugestanden. Aber ganz ohne aristokratische Zugaben kamen die Töchter auch nicht davon. Hedwig bekam als Zweitnamen Victoria (nach der britischen Königin) und Agnes wurde durch Anastasia ergänzt (nach der Zarentochter) – Ganz ohne hohe dynastische Vorbilder wollte sie ihre Mädchen nicht in die Welt schicken. Schließlich hatte sie im Grafenhaus ihre Kindheit verbracht, und das sollte man doch irgendwie bemerken.

Rosalias Kinder

Mit großem Fleiß und außerordentlicher Sparsamkeit sorgte mein Großvater für die Erziehung seiner Kinder. Ein zehn- bis zwölfstündiger Arbeitstag war die Regel und immer war es Bernstein, mit dem er es zu tun hatte. Nach der Eheschließung mit Rosalia hatte er in einer Danziger »Bernsteinfabrik« eine Anstellung gefunden. Eine wirkliche »Fabrik«, die diesen Namen verdient hätte, war es freilich nicht, aber doch ein größeres Unternehmen, das sich mit der Herstellung von Bernsteingegenständen befaßte. Er sei dort als »Faktor« beschäftigt gewesen, hat er mir später erzählt. »Von sechs Uhr früh bis sechs Uhr abends« hätte er arbeiten müssen und nur eine kurze Mittagspause gehabt, um sein mitgebrachtes Essen zu verzehren.

Sein karger Lohn habe aber gereicht, um seiner Familie die Existenz zu sichern. Die fünf Kinder – drei Söhne und zwei Töchter – hätten nie Not gelitten, und sein ältester Sohn habe sogar die »Bürgerschule« besuchen können und das »Einjährige« gemacht. Die »Bürgerschule« war eine Bildungseinrichtung, die der späteren zehnjährigen »Mittelschule« entsprach und mit einem Abschlußexamen endete, das den Absolventen die Wehrpflicht verkürzte: ein Jahr Militärdienst anstelle der üblichen drei Jahre. Ich bewunderte die Erzählungen meiner Mutter und meines Großvaters, ahnte aber nicht, daß

»das Einjährige« seines ältesten Sohnes ein trauriges Kapitel seiner Ehe mit Rosalia bedeutete. Erst viel später erfuhr ich, was sich bei »dem Einjährigen« seines Ältesten ereignet hatte.

Zunächst glaubte ich an ein harmonisches Familienleben der »Steffans«, also der Eheleute und ihrer fünf Kinder. Dann eröffnete mir meine Mutter, wie sie und ihre Geschwister unter dem Zerwürfnis der Eltern gelitten hatten; denn mein Großvater *Johannes Steffan* und seine Frau *Rosalia* lebten in jahrelangem Unfrieden miteinander, und die Leidtragenden waren ihre Kinder.

Das berichtete mir meine Mutter, als sie ihre eigene Ehekrise abrupt beendete, indem sie ihren Mann nach einem Streit urplötzlich, aber endgültig verließ und mit mir davonging in eine ungewisse Zukunft hinein. Da erfuhr ich von ihr die Geschichte ihrer Eltern und besonders diejenige ihrer Mutter. So hörte ich viel über das Leben meiner Großmutter Rosalia, glaubte aber den Berichten der Tochter Agnes – meiner Mutter – immer nur teilweise.

Erst als ich selber Geschichte studieren wollte und Urkunden zu lesen und zu deuten lernte, habe ich das Schicksal meiner Großmutter begriffen. Aus den Erzählungen meiner Mutter und meines Großvaters konnte ich es einigermaßen rekonstruieren, aber nur weil die Nazis einen »Ariernachweis« von jedem verlangt hatten, damit er studieren konnte. So habe ich mich um die erforderlichen Unterlagen bemüht und hatte großes Glück dabei. Denn als ich 1940 zu studieren begann, hatten die Nazis Westpreußen zum Deutschen Reich geschlagen und die Polen unterworfen, so daß es ein leichtes war, Taufbescheinigungen und Heiratsurkunden aus Westpreußen zu beschaffen. Das war mir eigentlich zuwider; denn ich war schon als Schülerin dreimal vor dem Krieg in Dornach gewesen und hatte die Anthroposophie kennengelernt, wußte also, was von den »Erblinien« zu halten war. Dennoch habe ich mir die notwendigen Papiere beschafft und lernte dabei viel über die Herkunft meiner Großeltern kennen. Aus den lebhaften Erzählungen meiner Mutter und ihres Vaters, sowie aus den Urkunden ergab sich ein farbiges Bild vergangenen Lebens.

Vor allem meine Großmutter war es, die meine historische Phantasie, gemischt mit exakten Kenntnissen, in Bewegung brachte. Je länger ich mich mit den öden Urkunden beschäftigte, um so deutlicher trat mir das Bild dieser Frau entgegen.

Franz Joseph

Er war ihr »Ältester« und ihr liebstes Kind. Alles, was ihr selber in Kindheit und Jugend wünschenswert erschienen war, ist ihm in die Wiege gelegt worden: Bewunderung, Anerkennung, Erfolg.

Sie gab ihm den Namen *Franz Joseph,* als wollte sie bekunden, daß der österreichische Kaiser der Herr der Freien Reichsstadt Danzig sei und nicht der König von Preußen, der 1871 zum deutschen Kaiser gemacht wurde. Nein, sie war keine »Bismarckdeutsche«, und sie hatte für den »eisernen Kanzler« nichts übrig. Sie jubelte deshalb auch nicht, als der »Kartätschenprinz« Wilhelm, der 1849 die badischen Aufständischen niedergeschlagen hatte, nun mit Hilfe des Großherzogs von Baden zum »Kaiser in Deutschland« ausgerufen wurde.

Aber trotz aller Ablehnung Bismarcks ließ sie es sich doch gefallen, von den vielen preußisch-deutschen Fähnrichen und Leutnants angeschwärmt zu werden. Und zur Not konnte es auch ein Feldwebel oder Unteroffizier sein, mit dem sie tanzte. Der spürbare Militarismus im neuen deutschen Kaiserreich war dennoch nicht nach ihrem Geschmack. Sie bekundete dies, wie schon berichtet, bei der Wahl der Namen für ihre drei Söhne.

Franz Joseph besaß alle Vorteile des Erstlings, wurde bevorzugt behandelt und konnte sich leisten, alles zu tun, was den jüngeren Geschwistern nicht gestattet war. Rosalia sah in ihm ihr Abbild. Er war nicht nur ein hübscher Bursche, gut gewachsen, schlank und groß. Er war auch ein sehr begabter Junge, besaß ein phänomenales Gedächtnis, las sehr viel, lernte unaufgefordert ein Gedicht nach dem anderen und trug es mit viel Pathos seiner Mutter vor. Schillers Balladen liebte er besonders, und seine Schwestern pflegten zu sagen: »Man hört dich bis zum Krantor« (Abb. 1), wenn er wieder einmal die »Bürgschaft« rezitierte und seine Zuhörer vor dem »Dolch im Gewande« erzittern ließ. Rosalia gefiel das alles sehr. Sie war stolz auf den Sohn und steckte ihm öfters einen Groschen zu, damit er Geld für das Ausleihen von Büchern zur Verfügung hatte.

Als Franz Joseph kurz vor seinem »Einjährigen« stand, sollte Rosalia eine große Freude zuteil werden. Der Schulleiter der »Bürgerschule« kam persönlich zu den Eltern und begann ein Loblied auf ihren Sohn zu singen. Er sei außerordentlich begabt, und es wäre eine gute Sache, wenn die Eltern ihn fortan auf ein Gymnasium schicken würden, damit er dort das Abitur machen könne. Rosalia lief rot an vor lauter Freude. Ihr Sohn! Ihr Sohn war auserwählt worden! Franz Joseph würde erhalten, was ihr einst versagt worden war: eine gute Allgemeinbildung, wie sie im deutschen Bürgertum üblich war. Sie war überglücklich. Doch dann fiel ihr Blick auf ihren Mann, und sie hörte ihn sagen: »Sankt Johann? Das ist doch ein protestantisches Gymnasium!« Ja, das sei es, bestätigte der Lehrer und fügte hinzu, daß den Eltern keine Kosten ent-

1 Danzig. Das älteste der monumentalen Tore der Stadt, das »Krantor« von 1411.

stehen würden. Franz Joseph bekäme ein Stipendium der Freien Stadt Danzig. Aber er müsse selbstverständlich die Konfession wechseln und evangelisch werden; denn Sankt Johann sei das älteste protestantische Gymnasium im ganzen Ostseeraum.

Da fuhr mein Großvater aus der Haut: »Im Frankreichkrieg hat mich niemand gefragt, ob ich katholisch oder evangelisch bin. Als Katholik habe ich für unseren protestantischen König mein Leben einsetzen dürfen. Und jetzt soll mein Sohn die Konfession wechseln, nur damit er auf Sankt Johann Abitur machen kann? Nein, und dreimal nein!«

Seine Frau Rosalia war erschrocken. »Welch ein stupider Katholizismus!«, sagte sie, entschuldigte sich bei dem verwunderten Lehrer, drehte sich auf den Hacken um und verließ schweigend das Zimmer.

Schweigen sollte fortan grundsätzlich zwischen den beiden Eheleuten herrschen. Monatelang wechselte Rosalia kein Wort mit ihrem Johannes. Sie setzte ihm stumm das Essen auf den Tisch und verschwand in ihrer Kammer. Alle Versöhnungsversuche ihres Mannes schlugen fehl. Sie blieb starr und verschlossen. Leidtragende waren die Kinder. Es muß eine bedrückende Zeit für sie gewesen sein. Sie flüsterten nur noch miteinander, wenn sie sich etwas zu sagen hatten, und fürchteten sich, nach Hause zu kommen. Wie eine Gewitterwolke lag Rosalias Stummheit über der ganzen Familie.

Schließlich brach Franz Joseph das bedrückende Schweigen: »Was soll nun eigentlich aus mir werden?« fragte er sie. »Jetzt habe ich das Einjährige und bin ein Nichts.« Rosalia brach in Tränen aus, ging hinaus, kam aber nach einiger Zeit zurück: »Duplizität der Fälle«, sagte sie. »Was mir einst meine Mutter und ihr Mann angetan haben, das tut dein Vater jetzt dir an. Du mußt ihm Widerstand entgegensetzen, und wir müssen handeln.« Sie handelte dann auch.

Als sie sich einigermaßen gefaßt hatte, ging sie in die Bankfiliale, bei der ihr Mann seit Jahren ein Sparkonto hatte, verlangte den Filialleiter zu sprechen, zeigte ihm die glänzenden Schulzeugnisse ihres Sohnes, erzählte ihm seine traurige Geschichte und bat ihn, Franz Joseph als Banklehrling einzustellen. Ob es seine guten Noten waren oder die Eloquenz der immer noch schönen Rosalia, – sie hatte Erfolg.

Franz Joseph wurde angenommen. Ihrem tief enttäuschten Sohn sprach sie Mut zu: »In England sagt man: ›make the best of it‹«, und »du wirst sehen, es kann alles noch anders werden.« Sie mietete ihm ein möbliertes Zimmer in Danzig, kaufte ihm einen dunklen Anzug und steckte ihm so oft es ging etwas Geld aus ihrer Haushaltskasse zu.

Unbefriedigt von der geistlosen Tagesarbeit in der Bank nutzte er jede freie Minute, um zu lesen und Rollen aus den Dramen Shakespeares oder Schillers auswendig zu lernen. Aber ein tiefer Groll setzte sich in seiner Seele fest. Er ließ sich kaum noch in Langfuhr blicken und kam nur zu der Mutter, wenn er sicher war, den Vater nicht anzutreffen.

Obwohl er es als erniedrigend empfand, tagtäglich als Lehrling in die Bank gehen zu müssen, absolvierte er brav seine Lehrzeit, wurde sogar viel gelobt, und als er nach dem »Einjährigen« zur Bank zurückkam, konnte er sogar in dem ungeliebten Beruf aufsteigen.

Er durfte die Kunden an der Kasse bedienen und bekam schließlich auch einen Einblick in den Kontostand der Sparer. Dabei entdeckte er, daß sein Vater sich dreißigtausend Mark erspart hatte. Das war fast ein kleine Vermögen in jener Zeit. Der Groll gegen seinen Vater stieg wieder auf. Wozu hatte er so fleißig und so viel gespart? Nun wußte er also, warum der Vater seine Familie so knapp gehalten hatte. Er trug sein Geld auf die Bank, wohl in der geheimen Hoffnung, sich später einmal seinen Herzenswunsch erfüllen zu können: den Erwerb eines kleinen Bauerngutes, irgendwo auf der Halbinsel Hela, nahe seiner Kinderheimat.

Das rührte Franz Joseph nicht im geringsten. Zu tief fühlte er sich durch seinen Vater verletzt. Bei günstiger Gelegenheit hob er die ersparten 30 000 Mark vom Konto des Vaters ab und verschwand. Er hinterließ eine Quittung in der Bank und einen Zettel: »Viele Grüße an meinen Vater.« Dann wurde er nicht mehr gesehen.

Rosalia war tief betroffen, als sie davon erfuhr. Sie veranlaßte aber ihren Mann, auf eine Anzeige zu verzichten und so zu tun, als sei die Entnahme des Geldes mit seinem Einverständnis geschehen. »Du bist schuld daran. Du hast ihm seine Zukunft verdorben. Du, in deinem engstirnigen Katholizismus!«, faucht sie ihn an und verfiel fortan wieder in ein unerträgliches Schweigen.

Der Name Franz Joseph durfte nicht mehr genannt werden. Ihr liebster, bester Sohn wurde zur Unperson in der Familie Steffan. Und doch lebte Rosalia in ständiger Sorge um ihn. Wo war er nur geblieben? Er ließ nichts von sich hören. War er unter die Spekulanten gegangen? Hatte er sich vielleicht nach Amerika abgesetzt? War er zum Spieler geworden, der sein Geld in einer einzigen Nacht verloren hatte? Eine lange Zeit der Unsicherheit und Sorge lastete auf der ganzen Familie. Insgeheim hoffte Rosalia auf die »Heimkehr des verlorenen Sohnes«. Und er ist sogar heimgekehrt!

Nach mehreren Jahren, als alle anderen ihrer Kinder schon verheiratet waren, auf jeden Fall aber das Elternhaus verlassen hatten, klingelte es an der Wohnungstür und ein elegant gekleideter Herr stand vor ihr. »Mutter!«, sagte er und fiel ihr um den Hals. »Ich heiße Karl Moor und komme aus Zoppot.«

Franz Joseph war Schauspieler geworden und mit einer Berliner Theatergruppe gerade zu den Sommerspielen im Seebad Zoppot tätig, wo Schillers »Räuber« aufgeführt wurde. Also kein Spekulant, kein Abenteurer, sondern Schauspieler war Rosalias Ältester geworden. Eine unbeschreibliche Freude ergriff sie. Ihr Franz Joseph als Hauptdarsteller in Schillers berühmten Drama und an einer Berliner Bühne engagiert, die alljährlich Gastspiele in anderen Orten gab.

Es sollte das einzige und letzte Mal sein, daß sie ihn wiedersah. Sie war schon gestorben, als er kurz vor Beginn des ersten Weltkriegs seiner Schwester Agnes (meiner Mutter) eine Postkarte aus Sankt Petersburg schickte, wo er als Schauspieler im »Deutschen Theater« der damaligen russischen Hauptstadt aufgetreten war. Dort ist er – wie alle Deutschen – vermutlich kurz vor Kriegsbeginn interniert worden. Viele Jahre hörte man nichts mehr von ihm. Meine Mutter glaubte, daß ihr Bruder in den Wirren der »Sozialistischen Oktoberrevolution« von 1917 oder in der Stalinära umgekommen wäre, weil man gar nichts mehr von ihm wußte.

Dann aber – es muß zwischen 1928 und 1930 gewesen sein – trat er plötzlich wieder in den Umkreis der Familie seiner längst verstorbenen Mutter.

Es war mein Großvater, also Rosalias verwitweter Mann, der mir damals Nachricht von meinem Onkel Franz Joseph gab. Der Großvater lebte nach dem Verlust seiner Heimat Westpreußen in meiner Geburtsstadt Breslau, wohin ihn meine Mutter geholt hatte. Jede Woche fuhr ich ihn, um seine zweite Frau zu besuchen; denn er lebte am anderen Ende der großen Stadt.

Da geschah es, daß er mir eines Tages mit einer Breslauer Tageszeitung in der Hand lachend entgegenkam: »Schau dir nur dies Bild an! Es ist mein Sohn, dein Onkel Franz Joseph!« Die Unterschrift des Pressefotos besagte, daß eine sowjetische Handelsdelegation sich in Breslau aufhielt.

Eiligst fuhr ich wieder nach Hause, erzählte, was ich beim Großvater erlebt hatte, und gleich mußte ich zum nächsten Kiosk laufen und die Zeitung holen. In der Tageszeitung meiner Eltern – es gab zwei davon in Breslau – war das Bild nicht enthalten. Als ich mit dem richtigen Blatt zurückkam, sagte meine Mutter sofort: »Ja, das ist mein Bruder!« Sie versuchte gleich das Hotel ausfindig zu machen, in dem »die Russen« Quartier bezogen hatten. Aber leider! Sie waren schon abgereist, und meine Mutter gab es auf zu suchen.

So habe ich meinen sowjetischen Onkel nie gesehen – und hätte ihn doch so gerne kennengelernt. Vielleicht habe ich einen russischen Vetter oder eine russische Cousine? Das wäre sehr schön. Vielleicht hat er die Rote Armee und die Stalinära überlebt, vielleicht ist er erst bei dem deutschen Überfall auf die Sowjetunion (1941/45) umgekommen? Ich weiß es nicht. Ich habe allerdings auch nie nach ihm gesucht.

Alexander

Im Gegensatz zu dem legendären Franz Joseph habe ich seinen jüngeren Bruder *Alexander* noch selber zu Gesicht bekommen.

Ich lernte ihn kennen, als ich sechsjährig von meiner Mutter auf eine Reise von Breslau nach Danzig mitgenommen wurde. Wir trafen ihn in *Langfuhr* an, wo er mit seinen zwei erwachsenen Töchtern in einer bescheidenen, aber blitzsauberen Wohnung lebte.

Alles war hell und freundlich um ihn herum. Aber ich war sehr enttäuscht, als ich ihn erstmals sah. Er sah meiner Mutter so gar nicht ähnlich und hatte auch nichts von der Fröhlichkeit seines jüngsten Bruders, den ich in Breslau als Kind kennengelernt hatte. Alexander, ein großer, magerer Mann, sehr still und ernst, kam uns entgegen. Ich habe ihn nie lachen gehört.

Ich weiß nicht allzuviel von ihm. Das Wenige aber, das man mir von ihm erzählt hat, reicht völlig aus, um ihn als sympathischen Sonderling charakterisieren zu können.

Er hat seinen Eltern im Unterschied zu Franz Joseph nicht ihr Erspartes gestohlen. Er ist nicht Schauspieler geworden und hat in Rußland auch nicht die »Sozialistische Oktoberrevolution« mitgemacht, um Sowjetbürger zu werden. Er war ein durchschnittlicher, braver Deutscher. Aber war er wirklich so brav, wie es den Anschein hatte?

Alexander ist von seiner Mutter bei weitem nicht so geliebt worden wie ihr Ältester. Er hat auch nicht das »Einjährige« gemacht. Alexander war Rosalias »Unosel«, und ein gebürtiger Danziger wird noch wissen, was man darunter versteht, nämlich einen nie ganz ordentlichen, etwas trotzigen, eigensinnigen Menschen.

Was ging es ihn an, daß er Alexander hieß? Die Mutter hatte ihm von den alten Griechen viel erzählt, aber er hatte nur behalten: »Drei, drei, drei war Issus Keilerei«, und daß das Pferd des Alexander den Namen »Bukephalos« trug, – welch schöner Klang!

Pferde und Schlägereien, da war er in seinem Element. Noch gab es ja kein einziges Auto in Langfuhr, aber viel Pferde und Pferdewagen. Und auf der Straße war er tausendmal lieber als in Mutters »guter Stube«. Von der Straße brachte er auch die vielen ungehörigen Redensarten mit, die Rosalia ihm nur mit größter Mühe abgewöhnen konnte.

Nicht abgewöhnen konnte sie ihm seinen Hang zum Sammeln krummer Nägel, kleiner Späne, verlorener Lederriemen. Kurz alles, was auf den Straßen gelegentlich zu finden war, hob er sich sorgfältig auf. Er machte sich aus ihnen die phantasievollsten Gegenstände, nur wußte niemand außer ihm, was sie darstellen sollten. Er durfte sie nicht in die Wohnung bringen, fand deshalb alle möglichen Verstecke im Hof oder in Nachbars Garten außerhalb der Stadt.

Mehr noch als gegen seine Sammelleidenschaft hatte Rosalia gegen seinen merkwürdigen »Handelssinn« anzukämpfen. Er brauchte immer etwas Geld, um sich ein paar Werkzeuge für seine Basteleien zu kaufen. Taschengeld gab es in der Familie Steffan nicht. Also mußte er sich ein paar Groschen selber verdienen. Aber wie?

So oft wie möglich ging er auf den »Fischmarkt«, wartete so lange, bis die Fischer ihre Netze leerten und die letzten winzigkleinen Fische in die Gosse werfen wollten. Dann sammelte er sie blitzschnell auf und ließ sie in einem mitgebrachten Eimerchen verschwinden. Sodann lief er in die Armenviertel der Stadt, schrie »Flonderen! Flonderen!« (Flundern), obwohl es keine waren, und verkaufte sie billigst an vorbeikommende Hausfrauen.

Rosalia war entsetzt, als sie ihn einmal dabei ertappte. Ihr Sohn Alexander als Marktschreier! Er bekam eine Tracht Prügel und mußte stundenlang »in der Ecke stehen«, eine beliebte Strafe in der damaligen Zeit. Doch »bekehrt« hatte Rosalia ihn nicht. Er hatte sich längst einen kleinen Hammer, feine Zangen und eine Laubsäge gekauft und bastelte nun im Nachbarhof Segelschiffchen, kleine Burgen und einen Stall mit Küken. Und wieder verkaufte er sie im Straßenhandel.

Nach Ablauf seiner Schulzeit schickte sie ihn zu einem Tischler. Wo es doch ein Tischler gewesen war, der als ihr Stiefvater so jäh in ihr Leben eingegriffen hatte! Vielleicht mochte sie nicht mehr daran denken. Vielleicht war es aber ihr nüchterner Verstand, der ihr sagte, wo und wie Alexanders Handgeschick nutzbringend anzuwenden war. Er lernte also das Tischlerhandwerk. Und als er Geselle geworden war, hätte er ans »Wandern« von Meister zu Meister denken können.

Gleichzeitig drohte ihm nun aber auch die Einberufung zum dreijährigen Militärdienst. Er haßte alles, was nach »Militär« roch: den widerlichen »Gamaschendienst«, den Gehorsamszwang und den abstoßenden Kommandoton der Feldwebel und Unteroffiziere. Die »schimmernde Wehr« des deutschen Kaisers war seine Sache nicht. So lange wie möglich wollte er dem »Dienst bei den Preußen« entgehen, wie man damals – und noch bis in unsere Zeit – den zwangsmäßigen Soldatendienst nannte. Alexander wanderte von einem Meister zum anderen und rannte jedesmal davon, sobald er einen Postboten oder Polizisten auftauchen sah. Als wandernder Tischlergeselle arbeitete er vorübergehend in dieser oder jener Tischlerei, und das ging einige Zeit auch ganz gut. Auf die Dauer konnte er aber dem »wachsamen Auge« der preußischen Polizei nicht entgehen. Als er wieder einmal vor der Polizei davongerannt war, lief er nachts nach Langfuhr zu seiner Mutter.

Zerlumpt und halbverhungert stand Alexander vor der erschrockenen Rosalia. Aber sie bewies wieder einmal ihre Intelligenz. »Wo kommst du her?«, fragte sie ihn. »Du bist wohl fahnenflüchtig geworden, mein Lieber? Aber komm nur herein, mein armer Junge.« Sie gab ihm zu essen, setzte einen großen Wasserkessel auf und machte ihm nicht den geringsten Vorwurf. Dann steckte sie ihn in einen Bottich, schrubbte ihn ab und legte ihren erschöpften Sohn ins Bett. Während er prompt eingeschlafen war, verließ sie die Wohnung, schloß sie von außen ab und lief zur nächsten Polizeistation. Dort erzählte sie dem Wachtmeister eine rührende Geschichte über ihren heimgekehrten Sohn, dem unterwegs sein Einberufungsbefehl verlorengegangen sei, und der jetzt hilf- und ratlos bei ihr Zuflucht gesucht hätte. Was könne er nun tun?

»Na, dann wollen wir ihn erstmal polizeilich anmelden und dann weitersehen«, meinte der Wachtmeister. Er notierte die Aussage Rosalias – und Alexander war gerettet.

Eigentlich hatte er ja Fahnenflucht, ein schweres Verbrechen begangen. Aber nun wurde alles ganz harmlos geregelt. Waren es immer noch die schönen Augen Rosalias oder ihre Beredtheit, die den Wachtmeister glauben machten, was sie ihm erzählte? Nun ging alles seinen ganz normalen Weg.

Alexander wurde eingezogen, das heißt er mußte seinen Militärdienst antreten, so sehr ihm das auch zuwider war. Nach einiger Zeit wurde er in die westpreußische Garnisonstadt *Graudenz* verlegt, wo es auch ein großes Zuchthaus gab.

In Graudenz geschah es dann, daß ihm ein großer Trost zuteil wurde, der ihn für den Rest seiner Soldatenzeit begleitete. Eines Abends, als er vor dem Kasernentor »Wache schieben« mußte, sah er, wie eine kleine junge Frau auf das Zuchthaus zulief, vor einem vergitterten Fenster stehen blieb und mit heller Stimme hinaufrief: »Justav, verzag man nich, drei Jahr sind nicht ewig!« Das wiederholte sich Abend für Abend. Die Zuchthäuslersfrau hat sicher nicht geahnt, welche Hilfe sie dem unglücklichen Alexander erwies, der ja zu drei Jahren Militärdienst verdonnert war und sich dabei gefangen fühlte wie der Zuchthäusler.

Merkwürdigerweise sollte es dieser Alexander sein, der etliche Jahre später – gleich zu Beginn des ersten Weltkriegs – als einer der ersten aus dem Mannschaftsstand das »EK I« – eine sehr hohe Kriegsauszeichnung – erhielt. Er hatte eine Brücke unter Einsatz seines Lebens gesprengt und war dafür ausgezeichnet worden. Ganz Danzig war stolz auf seine Heldentat. »Eine Heldentat? Oh nein«, sagte er später zu seiner Schwester. »Ich war sowieso etwas lebensmüde geworden und wollte nur wissen, ob der liebe Gott mich zum Weiterleben verurteilt hat.«

Alexander wollte kein Held sein. »Ich wünschte, daß es noch viele EK I-Träger gibt, die wie ich zum Pazifisten geworden sind«, sagte er zu meiner Mutter.

Nach dem Krieg kehrte er nach Danzig zurück und tischlerte wie zuvor. Aber während des Krieges hatte er gelernt, mit kniffligen, komplizierten Aufgaben fertig zu werden, und so verlegte er sich auf die Anfertigung von Intarsien, stellte also Einlegearbeiten mit verschiedenfarbigen Hölzern, Schildpatt und Elfenbein her. Wie konnte es auch anders sein bei einem Sohn der Rosalia?

Leopold

Er war Rosalias jüngster Sohn und das letzte ihrer fünf Kinder. An seine Mutter konnte er sich später nur dunkel erinnern. Sie kränkelte häufig und hustete viel. Oft lag sie erschöpft auf der Chaiselongue und manchmal erhob sie sich erst, wenn der Vater abends von der Arbeit zurückkam.

Sie habe es »an der Lunge«, pflegten die Nachbarn immer zu sagen, und dann blickten sie auch etwas mitleidig auf den kleinen Leo, der ein überaus zartes, schwächliches Kind war.

Zum Glück gab es die Agnes, seine zwei Jahre ältere Schwester, ein gesundes, kräftiges Mädchen, das bald schon die Mutterstelle bei ihm übernahm. Die beiden Jüngsten in der Familie (1885 und 1887 geboren) waren einander sehr zugetan. Sobald Agnes dazu imstande war, schleppte sie »das kleine Bündel Leo« mit sich herum, und später lief er ständig hinter ihr her. Von »Leo« und »Agnes« sollte man besser nicht reden. Sie nannte ihn nämlich immer »Böbchen« und er sagte »Nescha« zu ihr, und das blieb so ihr ganzes Leben lang.

Nescha tat alles für ihren kleinen Bruder. Sie fütterte ihn, sobald sie etwas älter war. Sie betete und spielte mit ihm, sie wusch ihn und brachte ihn zu Bett, sie sang ihn in den Schlaf und weckte ihn am nächsten Morgen auf. Beide Kinder waren ein Herz und eine Seele. Als die Mutter plötzlich an einer

Lungenentzündung starb, konnte sich ihr enger Kontakt nur noch vertiefen.

Das »Böbchen« war ein zartes, schüchternes Kind. Es wehrte sich kaum, wenn ihm Unrecht geschah. Agnes ermunterte ihn ständig und gab ihm gute Ratschläge, wie er sich behaupten sollte. Aber meistens lächelte er sie nur freundlich an. Als er die Schule beendet hatte, überlegte sie, welchen Beruf »das Böbchen« ergreifen könnte.

Die Mutter war schon gestorben, also mußte das ihre Sache sein. Sie war von Rosalia in die Schneiderlehre gesteckt worden.

Aber dieses Handwerk wäre für Leo nichts gewesen. Er wäre in der stickigen Luft der Schneiderstube nur noch schwächer geworden. Eine harte »Knochenarbeit« durfte es aber auch nicht sein. Ob der *Kolonialwarenhändler* an der Ecke ihn vielleicht in die Lehre nehmen würde? Gedacht, getan, – Leopold wurde dank Neschas Bemühen aufgenommen, und ein leidlich guter Verkäufer wurde er auch.

So weit so gut, aber es gab ja auch noch die dreijährige *allgemeine Wehrpflicht.* Und da konnte Agnes ihm kaum beistehen. Oder doch? Ein strammer Soldat wurde er natürlich nie, aber doch ein ganz braver. Nachdem er »eingerückt« war, erleichterte sie ihm das sture, oft auch widerwärtige Rekrutendasein, indem sie immer vor dem Kasernentor stand, wenn die Soldaten »Ausgang« hatten. Dann ging sie mit ihm per Arm spazieren, als wäre sie seine »Soldatenbraut«. Sie wußte nämlich, daß die anderen »Landser« ihn verspotten würden, weil er »kein Mädchen« hatte. »Du darfst aber nie sagen, daß ich deine Schwester bin«, hämmerte sie ihm ein. Und weil sie ein sehr schönes Mädchen war, stieg Leos Ansehen in der Kompanie. Die dummen Witze, der derbe Umgang und das geisttötende »Griffekloppen« waren ihm sehr verhaßt. Besonders schlimm wurde der Dienst für ihn, als Agnes ihm im Jahre 1906 erklärte, daß sie sich verlobt habe und heiraten werde.

Es versteht sich von selbst, daß er auf seinen künftigen Schwager *Max Riemeck* nicht gut zu sprechen war, hatte er ihm doch seine »Nescha« weggenommen und sogar »entführt«. Denn das junge Ehepaar verließ Danzig sehr bald und zog nach *Lódz* in Polen. Dort hoffte Schwager Max in den Getreidehandel einsteigen zu können und damit das stark reduzierte väterliche Vermögen etwas aufzubessern. Er stand nämlich fast vor dem Bankrott, als er Agnes geheiratet hatte.

Aus den Briefen seiner Schwester erfuhr Leo, daß sie in Lódz zu schneidern begonnen hatte, und so wußte er sofort, daß das polnische Abenteuer seines Schwagers mißglückt war. Er machte sich große Sorgen um seine Nescha und war heilfroh, als er hörte, Agnes und ihr Ehemann seien nach Deutschland zurückgekehrt. Irgendwo im Westpreußischen waren sie gelandet. Und als Leo die elenden drei Jahre Militärdienst abgeleistet hatte, konnte er nun endlich auch wieder seine Nescha aufsuchen und sie wie einst in allen persönlichen und geschäftlichen

Dingen um Rat fragen. Agnes neckte ihn oft, weil er immer noch Junggeselle war. Aber die richtige Frau konnte auch sie nicht für ihn finden. So war er immer noch unverheiratet, als im Sommer 1914 die sogenannte »Vorkriegszeit« ihr Ende fand.

Die Schüsse von *Sarajewo* (28. Juni 1914), die das österreichische Thronfolgerpaar töteten, waren das grausame Vorspiel zu einem jahrelangen Krieg, den angeblich niemand gewollt haben soll. Leopold gehörte zu den ersten, die »zu den Waffen gerufen« wurden und dann den Ersten Weltkrieg (1914/1918) in seinen schlimmsten Formen mitzumachen hatten. Als 1916/1917 das Kampfgeschehen zum *Stellungskrieg* erstarrte, lag er im Schützengraben vor *Verdun*, und bei der berüchtigten »Höhe 304« wurde er im Granatenhagel verschüttet.

Als man in einer Gefechtspause – die von beiden Seiten immer verabredet worden war – Tote und Verwundete aus den Schützengräben holte, war auch Leo darunter. Man warf ihn auf einen großen Haufen von »Gefallenen«, die im Massengrab verscharrt werden sollten. Doch er richtete sich mit letzter Kraft noch einmal auf, als er schon auf den Toten lag. »Da lebt ja einer noch!«, hörte er rufen, und man brachte ihn ins Feldlazarett.

Er war »Freund Hein«, dem Tod, begegnet. Aber seine Stunde hatte noch nicht geschlagen. Ein unbekannter Soldat rettete ihm das Leben. Doch wie viele Soldaten des Ersten Weltkriegs mögen ihre Sterbestunde im Massengrab erlebt haben?

Leo wurde sehr bald in eine größere Verwundetenstation transportiert, wo viele an Tuberkulose erkrankte Soldaten lagen. Dort habe er sich angesteckt, behauptete er später. »Freund Hein« blieb ihm also im Nacken sitzen. Zwar wurde er »k. u« (kriegsuntauglich) geschrieben, aber bei Kriegsende (1918) lag er bereits in einem Lungensanatorium.

Die Waffen schwiegen. Deutschland hatte den Krieg verloren. Im *Vertrag von Versailles* (1919) wurde ganz Westpreußen zu Polen geschlagen. Seine Heimatstadt Danzig war ihm fremd geworden: Man mußte den sogenannten »Polnischen Korridor« durchfahren, um in die alte deutsche Ostseestadt zu gelangen.

Wohin sollte er sich nun wenden? Seine Familie war in alle Winde verstreut worden: Von Franz Joseph, seinem ältesten Bruder, hatte man nichts mehr gehört, seit er 1914 in St. Petersburg interniert worden war. Vielleicht war er in der »Sozialistischen Oktoberrevolution« von 1917 zu den »Bolschewiki« übergelaufen? Und *Alexander*, der Kriegsheld mit dem EK I, hatte er sich vielleicht nach Danzig durchgeschlagen? Aber *Danzig* gehörte nun ja nicht mehr zu Deutschland. Es war zu einem neutralen »Freistaat« erklärt worden, war weder polnisch noch deutsch. Blieben nur noch die Schwestern.

Hedwig, die Königsberger Architektenfrau lebte in ständigen Ängsten vor »den Roten« und vor einer russischen Invasion. Auch hatte sich ihre familiäre Beziehung sowieso schon längst gelockert. Nein, nicht zu Hedwig! Aber es gab ja immer noch die »Nescha«. Sie hatte ihm während des Krieges unzählige Feldpostkarten und Päckchen geschickt. Und sie war so froh gewesen, daß ihr »Böbchen« den Krieg überlebt hatte!

Agnes war auf mancherlei Umwegen von Lódz nach Schlesien gelangt, lebte in Breslau und war sogar sehr reich geworden. Es gab keinen Zweifel: die Nescha würde ihn aufnehmen: Und das tat sie auch. Sie kam, ihn mit dem Zug aus der Lungenheilstätte abholen und nahm ihn nach Breslau mit. Sie hatte ihm sogar schon eine Wohnung verschafft und einen kleinen Lebensmittelladen eingerichtet. Diese Nescha!

Er kam aber nicht alleine nach Breslau. Er hatte seine letzte Kriegskrankenschwester geheiratet, die nicht sehr begeistert war, als sie sah, wie herzlich die beiden Geschwister sich begrüßten. Leo war nicht sehr glücklich mit und in seiner Ehe. Vielleicht hat er deshalb fast täglich seine Schwester besucht, die in kürzester Zeit in Breslaus Westen ein großes Kolonialwarengeschäft eröffnet hatte.

Er hatte nicht nur seine »Nescha« wiedergefunden, er traf auch auf ein kleines Kind, das sie ihm gleich entgegenhielt. Dieses kleine Kind war ich. (Abb. 2)

Und gleich entstand eine große Liebe zwischen mir und »meinem Onkel Leo«. Er muß schon mit mir gespielt haben, als ich gerade dem Krabbelalter entwachsen war und erste Gehversuche unternahm. Das läßt sich aus mehreren Ansichtskarten schließen, die er an seine »Purzelliese« schrieb; wohl weil sie so oft

»hingepurzelt« ist, wenn sie laufen wollte. Alle Karten kamen aus Sanatorien und waren mit leuchtend lila Tinte geschrieben. Ich konnte noch gar nicht lesen, aber die lila Tinte! Sie konnte nur von Onkel Leo stammen, und so braucht ich nur »lila« zu sehen und wußte, wer mir geschrieben hat. Alle diese Karten habe ich mir über zwanzig Jahre aufgehoben. Dann gingen sie im Tohuwabohu von Kriegs- und Nachkriegszeiten unter, ein großer Verlust!

Mein Onkel Leo war für mich der beste und auch der schönste Mann, den ich mir als Kind überhaupt vorstellen konnte. Er hatte immer so herrlich rote Wangen und leuchtende Augen. Auch spielte er die schönsten Spiele mit mir. Daß seine rötliche Gesichtsfarbe mit seiner Lungenkrankheit zusammenhing, habe ich erst viel später begriffen. Aber da merkte ich auch, daß er immer schmaler wurde und mich nicht mehr in seine Arme nahm, wenn ich ihm entgegen lief.

In diese Zeit fällt nun aber auch das vielleicht wichtigste Ereignis meines frühen Kinderdaseins: Ich habe erstmals »Ich« gesagt. Und das geschah im Zusammenhang mit meinem Onkel Leo.

Es war einige Monate nach meinem dritten Geburtstag, an dem es mir gelungen ist, das »R« nach dem »D« zu sprechen und »drei« statt »dei« zu sagen. Darüber war ich sehr stolz. Und es kam sogar noch besser.

Ich spielte mit anderen Kindern in dem großen Hof meines Breslauer Elternhauses, als wir ein Sig-

2 *Renate Riemeck im Alter von fünf Jahren*

nalhorn – tatü-tata – von der Straße her ertönen hörten. Wir rannten aus dem Hof auf den Bürgersteig, um zu sehen, was sich draußen tat. »Das ist ein Totenauto«, sagte eines der Kinder. Heftig widersprach ich: »Es ist kein Totenauto! Es ist ein Krankenwagen. *Ich* weiß das. Ich weiß das von meinem Onkel Leo, der im Spital liegt!«

So hatte ich plötzlich das »Ich« gebraucht, und gleich fing ich zu weinen an. Denn ich hatte nicht die Wahrheit gesagt. Er lag gerade nicht im Sanatorium, und mit ihm hatte ich auch nie über Sanitätsautos geredet. Ich hatte »Ich« gesagt und eine Unwahrheit gesprochen: heulend rannte ich ins Haus und beichtete der Mutter, was geschehen war. Sie schickte mich sogleich in die gegenüberliegende Wohnung zu Onkel Leo. Und wieder redete ich in der Ich-Form. Er hörte mir lächelnd zu, strich mir übers Haar und schließlich sagte er: »Bleib du nur bei deinem Ich.« Und das tat ich dann auch. Warum er das sagte, weiß ich nicht. Aber ich war sehr erleichtert, daß er mir meine Spitalgeschichte nicht verübelt hatte.

Immer seltener kam Leo später in mein Elternhaus, und eine Tages durfte ich ihn nicht mehr um den Hals fallen. Er ist lungenkrank, hieß es, und er selber schob mich immer lachend zurück, wenn ich auf ihn zulief. Dann sah ich ihn längere Zeit nicht mehr.

Meine Eltern gaben 1925 ihren Wohnsitz in Breslau auf und zogen »auf's Land«. Sie waren sehr reich geworden, und Agnes folgte ihrem Max auf das »Schloß« *Groß-Tschuder* (Kreis Wohlau), wo er seinen Kindheitsträumen nachgehen und als »Schloßherr« leben wollte. (Abb. 3)

Gleich im ersten Frühjahr nach dem Umzug von Breslau holte Agnes ihren Bruder Leo in das »Schloß«. Seine Krankheit hatte sich verschlimmert, und sie gab ihm den schönsten und sonnigsten Raum des Gebäudes. Aber er war schon so geschwächt, daß er kaum noch gehen konnte. Er blieb fast nur noch im Bett liegen, und ich durfte sein Zimmer nicht betreten, dessen Fenster immer weit offen standen.

Glücklicherweise hatte es eine Tapetentür – auch so ein Überbleibsel aus der Kultur des »ancien régime«, dem das Schloß entstammte –, und ich habe sie weidlich ausgenützt. So oft ich konnte, stellte ich mich im anderen Zimmer hinter diese Tür und führte Gespräche mit ihm. Er mußte doch alles wissen, was im Hause geschah, und es gab sehr viel zu berichten, zum Beispiel, daß die beiden Hausmädchen wieder einmal den Braten hatten anbrennen lassen, oder daß die Kuh gekalbt hatte, oder daß die Mutter nach Breslau gefahren war, um sich ein neues Kleid zu kaufen. Wichtig war auch, daß der dumme Bengel, der Herbert, das Autofahren erlernen sollte, aber daß ihm dauernd der Motor wegblieb, und ob der Onkel Leo wisse, was ein »Sechszylinder« sei oder eine »Psychose«.

Leider konnte ich mit ihm nie lange reden. Ich mußte immer aufhören, wenn er zu husten begann, und leider geschah das oft und öfter. Als ich eines

3 Groß-Tschuder. Das »Herrenhaus«, erbaut 1792, gelegen unweit von Herrnstadt im Kreis Wohlau.

Tages wieder vor der Tapetentür stand und ihm einen Gutenmorgengruß zurief, blieb alles still in seinem Zimmer. Vorsichtig öffnete ich die Tür. Das Zimmer war leer und das Bett schon gemacht. Die Mutter war nirgendwo zu finden, und so sagte der Vater mir schließlich, sie habe Leo nach Breslau zurückgebracht.

Ich sollte ihn nie mehr wiedersehen. Er starb 1927 mit neununddreißig Jahren. Meine Mutter befand sich gerade auf einer Frankreichreise, als die Todesnachricht in Groß-Tschuder eintraf. Sie wurde telegrafisch verständigt, nahm mich zu seiner Beerdigung aber nicht mit. »Er ist längst bei den Engeln im Himmel«, sagte sie. Und das konnte ich sofort einsehen. Ich war sogar überzeugt, daß die Engel sich gefreut haben mußten, als er zu ihnen kam.

Freiwillig und sehr gerne fuhr ich später – quer durch die große Stadt Breslau – zu seinem Grab, zweimal in der Woche, um ihm Blumen zu bringen. Da habe ich mich immer leise mit ihm unterhalten, ganz so, als stünde ich noch hinter der Tapetentür. Ich liebte ihn sehr.

Die beiden Schwestern

Rosalias Töchter Hedwig und Agnes hatten viel von der Wesensart ihrer Mutter mitbekommen. Beide besaßen sie etwas von ihrem verletzlichen Stolz, ihrem Trotz und ihrem schwer zu zügelnden Temperament. Weil sie einander so ähnlich waren, konnten sie sich nicht gut leiden. Dennoch gab es ein enges Zusammengehörigkeitsgefühl zwischen den beiden, das immer zu Tage trat, wenn es galt, der Schwester aus der Not zu helfen.

In Hedwig lebte ein starker Gerechtigkeitssinn. Wo gefehlt worden war, mußte Strafe sein. Agnes war nachgiebiger und konnte fünfe gerade sein lassen. Ihre Verschiedenheit zeigte sich am deutlichsten in ihrer Beziehung zur Mutter und zu den Brüdern.

Agnes liebte und bewunderte die Mutter und hat sie bis zu ihrem Tode gepflegt: Hedwig ist ihr davongelaufen. Die Brüder wiederum favorisierten Agnes. Mit Hedwig standen sie unentwegt auf Kriegsfuß.

Daß die »Bengels« Agnes bevorzugten, hing gewiß damit zusammen, daß sie ihnen immer flink und heimlich die zerrissenen Hosen flickte und sie vor mütterlicher Bestrafung bewahrte. So etwas hätte Hedwig nie getan. Sie war eben für Gerechtigkeit. Mit der Gerechtigkeit war es aber nicht weit her im Hause Steffan. Das ärgerte Hedwig schon, als sie noch nicht zur Schule ging. Die Mutter, das spürte sie, war eine richtige »Sohnesmutter«. Sie ließ ihren

Ältesten, den Franz Joseph, stundenlang in einer Ecke hocken und lesen, nichts als lesen. Dem Alexander verzieh sie, wenn er auf der Straße verkaufte, was er beim Säubern der Fischernetze ergattert hatte. Den Töchtern hätte sie dergleichen Dinge nie gestattet. Sie hatten bescheiden und still zu sein.

Von klein auf war Hedwig zur Mitarbeit im Hause herangezogen worden. Und es erboste sie, wenn sie den Brüdern dauernd hinterherräumen mußte. Oft gab es Krach im Hause Steffan und stets war Hedwig darin verwickelt. Schließlich hatte die Mutter ihr aufgetragen, auf die Brüder zu achten. Aber die dachten nicht daran, ihr zu gehorchen. Sie nannten sie »arrogant« und »selbstisch«. Und dabei hätten sie allen Grund gehabt, ihr dankbar zu sein.

Wenn sie bei ihren nachmittäglichen Schularbeiten ihre Rechenaufgaben nicht lösen konnten, hatte sie ihnen immer das richtige Ergebnis zugerufen, obwohl sie doch in der Schule zwei Klassen tiefer saß als sie. Nein, die Brüder waren unerträglich! Neideten sie es ihr, daß sie so intelligent war? Sie war ein Rechenwunder und mit dem Duden stand sie auch auf Du und Du. Sie war das, was man eine Musterschülerin nennt, und das war den Brüdern ein Dorn im Auge.

Zum Glück gab es die Agnes. Ihr konnte man anvertrauen, was sie an den Brüdern und an der Gleichgültigkeit der Mutter aufbrachte: »Ich halte es in diesem Hause nicht mehr lange aus«, gestand sie ihrer Schwester, als die Schulzeit sich dem Ende zuneigte. Und kaum hatte sie ihr Abschlußzeugnis in der Tasche, da machte sie ihre Vorhersage auch gleich wahr.

Ohne jemandem – außer Agnes – etwas zu sagen, machte sie sich auf den Weg in eine der Danziger »Schreibstuben«, stellte sich ebenso höflich wie selbstsicher vor und legte ihr Glanzzeugnis auf den Tisch. Ob man sie vielleicht als »Schreib-hilfe« einstellen könne, fragte sie den Besitzer. Er betrachtete ihre kalligraphisch-schöne Handschrift, prüfte ihre einwandfreie Orthographie, und schon war sie eingestellt.

Sie hatte die erste Sprosse auf der Leiter ihres persönlichen Erfolges erklommen, sie war überglücklich. »Siehst du«, sagte sie zu Agnes, »man muß nur etwas eisern wollen, dann bekommt man es auch.« Dieser Gedanke begleitete sie fortan durch ihr ganzes Leben, und sie hat wirklich immer bekommen, was sie sich vorgenommen hatte: die gewünschte Anstellung, den gewünschten Mann, die gewünschte Wohnung und den gewünschten Sohn.

Mit der Danziger Schreibstube hatte sie ihre Lebensmaxime gefunden und den Anfang gemacht. Es dauerte dann auch nicht lange, und sie konnte Agnes berichten, daß sie die Schreibstube gegen ein Architekturbüro eingetauscht hatte. Denn was sie in der Schreibstube mit den Allerweltsbriefen, Rechnungen und Gesuchen zu erledigen hatte, konnte sie auf Dauer nicht befriedigen. »Du glaubst gar nicht, wie viele Danziger schreibunkundig sind«, erklärte sie

Agnes. Und das war ja auch höchst erstaunlich. Denn schließlich ist die alte »Hansestadt« schon seit dem Mittelalter für ihr Schulwesen in allen Ostseeländern berühmt gewesen. Nachdem Danzig aber lange Zeit unter polnischer Oberhoheit gestanden hatte, im »Zweiten Polnischen Krieg« (1792) aber preußisch geworden war, galten hier die friderizianischen Schulgesetze. Lesen und Schreiben konnte also jedermann in Danzig. Aber es war und ist doch ein großer Unterschied, ob man seinen Namen zu schreiben vermag oder eine detaillierte Rechnung, ein amtliches Gesuch oder einen Heiratsantrag in Schönschrift zu Papier bringen kann.

Für Hedwig konnte derartige Auftragsarbeit nur eine Durchgangsphase sein. »Ich will zu Höherem hinauf«, erklärte sie Agnes. Und ein Architektenbüro, das war doch etwas »Höheres«! Um dieses zu erreichen, hatte Hedwig sich gründlich vorbereitet und mit einer Reihe architektonischer Fachbegriffe vertraut gemacht. Als sie bei ihrem Vorstellungsgespräch Kenntnisse vom Fachwerkbau einfließen ließ und sogar etwas über die »Wandgerüstbauweise« wußte, hatte sie gewonnen. Agnes gönnte ihr den Aufstieg, lächelte ihr aber etwas süffisant zu und meinte augenzwinkernd: »Was lockt dich bei der neuen Arbeit? Die Architektur oder die Architekten?«

Das Leben sollte diese Frage beantworten. Natürlich war Hedwig nicht nur an Architektur interessiert. Sie hatte ihre Pubertätszeit durchlaufen und wie damals jedes junge Mädchen verband sie das phasengemäße »Flirten« – »Poussieren« sagte man seinerzeit – mit dem Gedanken einer zukünftigen Heirat. Eine »alte Jungfer« wollte sie auf keinen Fall werden. Sie wußte, daß sie zwar recht intelligent war, aber bei weitem nicht so attraktiv wie ihre Schwester Agnes, die anscheinend die Schönheit ihrer Mutter für sich alleine gepachtet hatte. Die Schuld an ihrem Mangel an Schönheit gab sie der Mutter, dem Leben und dem »lieben Gott«. Aber Intelligenz kann ja Ersatz für Schönheit sein, sagte sich Hedwig und entsprechend handelte sie. In der Schreibstube war die Schönheitsfrage noch kein Problem gewesen, – im Architektenbüro dagegen sehr.

Sie saß mit zwei jungen Mitarbeitern ihres Chefs im gleichen Vorzimmer. Aber es hatte keinen Zweck, den beiden »schöne Augen« zu machen. Der eine war ein netter junger Mann mit feurigen Augen und dichtem schwarzem Haar. Sie dachte anfangs, er sei ein Italiener; aber er stammte nicht aus dem Lande Michelangelos, er kam aus Polen. Und außerdem war er schon verheiratet und Vater von zwei Kindern. Also nichts für Hedwig. Und der Andere, der große blonde Hüne? Er war nicht etwa ein Skandinavier, wie Hedwig vermutet hatte, sondern stammte aus Hinterpommern, und auch er war kein »Fall« für Hedwig; denn eines Montagsfrüh kam er mit einem Verlobungsring an der linken Hand in den Dienst. Hedwig hatte kein Glück. Auch außerhalb der Schreibstube in der großen Stadt Danzig lief ihr kein passender Mann über den Weg. Denn »gebildet« hatte er unbedingt zu sein, und auch ein gesichertes Einkommen sollte er nachweisen können.

So verging Jahr um Jahr und »dem Richtigen« begegnete sie nie. Allmählich wurde sie schon etwas nervös, weil sich auch auf öffentlichen Tanzveranstaltungen keine dauerhafte Verbindung stiften ließ. Doch dann wendete sich plötzlich das Blatt. Ein etwas dicklicher gemütlicher Ostpreuße betrat das Büro und wollte den Chef sprechen. Weil dieser nicht anwesend war, verwickelte Hedwig ihn in das übliche Vorzimmergespräch und stellte dabei fest, daß er von den berühmten Danziger Kunststätten so gut wie keine Ahnung hatte. Er wußte nichts vom »Artushof« (Abb. 4), hatte die »Marienkirche« (Abb. 5) nur von außen gesehen und war am »Krantor« (Abb. 1) teilnahmslos vorbeigelaufen. Und das wollte ein Architekt sein!

Hedwig beschloß, seiner beschämenden Unkenntnis abzuhelfen und schlug ihm vor, Spaziergänge zu den Sehenswürdigkeiten zu machen. Man unterhielt sich nicht nur über Kunst, sondern über Gott und die Welt, über Ehelosigkeit und Ehe, und bald hatte Hedwig ihn dazu gebracht, ihr einen Heiratsantrag zu machen. Sie stellte ihn ihren Eltern vor, Rosalia fand ihn »ganz passabel«, wenn auch etwas sehr »bieder«. Man verlobte sich, und nach einem guten Jahr feierte man die Hochzeit in Danzig. Die Trauung vollzog ein protestantischer Pfarrer. Der katholisch getauften Hedwig waren konfessionelle Unterschiede gleichgültig, und schließlich wollte das junge Paar ja in dem überwiegend protestantischen Ostpreußen seinen Wohnsitz nehmen.

Hedwig war also eine »Architektenfrau« geworden und sie empfand dies als gesellschaftlichen Aufstieg. Sie hatte eine weitere Stufe auf ihrer Erfolgsleiter erklommen. Begeistert schrieb sie an ihre Schwester Agnes: »Endlich eine Großstadt! Eine wirkliche Großstadt! Königsberg ist unvergleichlich schöner als Danzig. Und hier gibt es das weltberühmte Marzipan und keine Pomuchelsköpp wie an der Nogat.« Sie lebe jetzt in einem eigenen Haus, das Frische Haff sei nicht fern, und bei günstigem Wind könne sie das Meeresrauschen hören. Alles sei hier weitläufiger und offener. Königsberg sei schließlich die Stadt Imanuel Kants, und selbst in dem »Kaffeekränzchen«, dem sie jetzt angehöre, könne man das spüren. Die Damen, mit denen sie sich regelmäßig träfe, redeten beispielsweise nicht über Hinz und Kunz, sondern über das letzte Konzert oder den neuesten Roman von Sudermann. Auch gäbe es eine große Garnison in dieser Stadt, was sie als Gelegenheit nähme, Agnes dringend davor zu warnen, sich mit den Danziger Husaren einzulassen. Sie wisse ja, daß sie ein hübsches Ding sei, aber »Hübschheit« könne auch gefährlich werden.

Agnes mußte laut lachen, als sie Hedwigs Besorgnisse zur Kenntnis nahm. Aber irgendwie bewunderte sie die ältere Schwester, die so zielstrebig und sicher ihren Weg ging. Sie selber war im Vergleich zu

4 Danzig. Der »Artushof« auf dem »Langen Markt«. Sein Inneres zeigt eine einzige von vier Granitsäulen getragene Halle, die »in der eigentümlichsten Weise« mit Schnitzwerk und Bildern aus der Sagenwelt ausgestattet war.

5 Danzig. Das weithin sichtbare Wahrzeichen der Stadt, die unvollendet gebliebene, dreischiffige, 104 Meter lange Hallenkirche »Sankt Marien« (1343 bis 1502). Eine der größten und zugleich bedeutendsten evangelischen Kirchen, die es gibt, mit ihrem wuchtigen 79 Meter hohen Turm.

Hedwigs gesellschaftlichen Allüren ein unbedeutsames Etwas, eine harmlose kleine Näherin. Die Mutter hatte sie noch kurz vor ihrem Tod in eine Schneiderlehre gesteckt. Und sie nähte sehr gerne. Schon als kleines Mädchen hatte sie sich aus jedem Stoffetzen ein Puppenkleidchen gemacht, und später drückte sie sich an den Schaufenstern der Danziger Modegeschäfte die Nase platt. Die Schneiderlehre war genau das Richtige für sie. Sie war nicht nur sehr handgeschickt, sondern hatte auch einen Anflug von künstlerischer Gestaltungskraft von Mutter Rosalia geerbt. Aber das ehrsame Schneiderhandwerk war auch immer eine armselige Angelegenheit. Viel verdienen konnte man damit nicht. Doch Agnes war's zufrieden. Und im Übrigen sollte sie der Mutter ihr Leben lang dafür dankbar sein, daß sie sie in die Schneiderlehre gebracht hatte. Oft und oft sollten ihre Nähkünste sie vor der größten Not retten.

Verglichen mit Hedwig ging es der Agnes verhältnismäßig schlecht. Sie hatte an die zehn, manchmal zwölf Stunden täglich zu arbeiten. Nach dem Tode der Mutter mußte sie auch noch den Haushalt für ihren verwitweten Vater und ihren jüngsten Bruder versorgen. Viel Zeit blieb ihr nicht. Aber sie war ein lebensfroher, tatkräftiger Mensch und fand sich in keiner Weise bemitleidenswert. Im Gegenteil! Sie wußte, daß sie die ganze Schönheit ihrer Mutter mitbekommen hatte.

Hedwig hatte so unrecht nicht, wenn sie vor dieser Schönheit warnte. Agnes konnte nicht über die

Straße gehen, ohne daß die Männer – alte wie junge – sich nicht den Hals nach ihr umgedreht hätten. An jeder Hand hätte sie ein halbes Dutzend Verehrer und Bewunderer haben können und hatte sie wahrscheinlich auch. Aber nachdem sie zwanzig Jahre alt geworden war, mußte sie sich sagen: »Wenn ein junger Mann kommt, der weiß, worauf's ankommt«, und bald hatte sie keine große Wahl mehr. Derjenige, der wußte, worauf's ankommt, hieß Maximilian Ernst Riemeck, war ein sehr reicher Kaufmannssohn, machte ihr den Hof, und bald schon (1906) wurde geheiratet.

Als sie Hedwig davon schrieb, fiel diese aus allen Wolken. Den »Tunichtgut«, den »Schwerenöter«, »Beau« und den »Angeber«, den wirst du doch nicht wirklich heiraten wollen, schrieb sie an Agnes. Und so ganz Unrecht hatte sie nicht mit der Beurteilung ihres künftigen Schwagers. Sie kannte ihn noch aus ihrer Danziger Zeit und war nicht gut auf ihn zu sprechen. – Später mehr von ihm, wenn ich vom wechselhaften Leben meiner Mutter erzähle.

Als meine Eltern ihren Wohnsitz in Breslau aufgegeben hatten und das Herrenhaus Groß-Tschuder bewohnten, war Tante Hedwig eingeladen worden, das neuerworbene »Schloß« zu betrachten. (Abb. 6)

Nach dem Ersten Weltkrieg waren viele der riesigen schlesischen »Rittergüter« aufgeteilt worden, und so konnte Max Riemeck das »Restgut« Groß-Tschuder erwerben, auf dem sich das »Schloß« befand, ein prächtiges Gebäude aus dem Jahre 1792, das von einem französischen Adligen erbaut worden war, der vor der Französischen Revolution von 1789 geflohen ist.

Agnes fühlte sich als Schloßherrin gar nicht wohl, hatte aber ihren Vater und seine – zweite – Frau mitgenommen, nachdem die beiden von der polnischen Regierung aus Westpreußen »ausgewiesen« worden waren. Die Republik Polen hatte zwar die »Ausgewiesenen« mit einer Geldsumme entschädigt, aber der Großvater kam damit genau in die deutsche Inflationszeit, war also bettelarm geworden. Hier in Groß-Tschuder nun sollte Hedwig auch ihren Vater wiedersehen.

Das Verhalten meines Großvaters zu seiner Tochter Hedwig in Schloß Groß-Tschuder hat mich als Kind sehr beschäftigt und jahrelang rätseln lassen. Schließlich hat meine Mutter (ihre Schwester) mir doch einiges von Hedwigs Verhältnis zu ihrem Vater erzählt. Sie hatte ihn einst sehr verletzt und ihm schwere Vorwürfe gemacht, als er zehn Jahre nach dem Tode der schönen Rosalia wieder heiratete und mit einer Frau aus den einfachsten Verhältnissen weiter lebte. Diese Frau hatte nichts von der Schönheit und Bildung der Rosalia und war nur ein liebes, fleißiges »kleines Ding« gewesen. Hedwig war über diesen Schritt ihres Vaters hell entsetzt, machte ihm Vorwürfe und suchte ihn mit seiner zweiten Frau nie auf.

Diese Frau wurde zu meiner lieben und guten Großmutter. Daß sie nur »stief« war, wußte ich nicht;

6 Groß-Tschuder. Das »Herrenhaus« Kreis Wohlau. Auf dem Pferd sitzend Renate Riemeck und stehend Max Riemeck (1926).

denn sie war die Güte selber zu mir und stand auch in einem herzlichen Verhältnis zu meiner Mutter. Hedwig aber verachtete ihre niedere Herkunft und nahm keinen Kontakt zu ihr auf. Erst als sie auf Einladung meiner Mutter – ihrer Schwester – das Schloß Groß-Tschuder aufsuchte, kam sie ihr erstmals etwas näher. Daß mein Großvater Hedwig bei ihrer Ankunft so hartherzig begrüßte, war auf die Tatsache zurückzuführen, daß sie seiner Frau nur allzu flüchtig die Hand gereicht hatte. Arme Hedwig!

Ich stand mit dem Großvater erwartungsvoll auf der Schloßterasse, als der Wagen vorfuhr, mit dem meine Mutter ihre Schwester von der Bahnstation abgeholt hatte. Hedwig entstieg dem Wagen mit vollendeter Grandezza, eilte die Stufen empor und umarmte in ihrem schweren Persianer den Großvater, als wäre sie sein lang erwartetes Kind. Aber dann! Ich konnte es nicht fassen und erschrak zutiefst: Mein immer freundlicher, geliebter Großvater hatte ein eisernes Gesicht aufgesetzt, verzog keine Miene und ließ sich umarmen als wäre er ein Stück Holz. Dann drehte er sich schweigend um und verschwand in seiner Wohnung. Er ließ sich nicht wieder blicken solange Hedwig im Schloß war, und hat sich auch nicht von ihr verabschiedet, als sie nach zwei Wochen wieder abfuhr.

Ich war völlig konsterniert. Der Großvater war damals meine »Bezugsperson«. Ich bewunderte und liebte ihn mit ganzer Seele, und er war immer nur gut und herzlich zu mir gewesen. Und nun diese Abfuhr für seine Tochter! Weil der Großvater für mich direkt nach dem »lieben Gott« kam, nie etwas falsch machen konnte und immer nur Güte und Herzlichkeit ausstrahlte, mußte die eiskalte Begrüßung seiner Tochter eine verheerende Wirkung auf das Kind haben, das ihn doch so tief verehrte. Wo immer möglich, ging ich »Tante Hedwig« aus dem Wege. Sie konnte keine Freude an ihrer Nichte haben. Es gefiel ihr auch gar nicht, daß ich immer in Hosen herumlief, mit den Dorfbuben wilde Spiele machte und schlesischen Dialekt sprach.

Hedwig konnte nicht anders: Sie mußte mich erziehen, so wie sie schon ihre Brüder erzogen hatte. Es gab kaum etwas, was ich nicht falsch gemacht hätte. Ihr Versuch, mich zu einem gesitteten, braven Mädchen zu erziehen, schlug natürlich völlig fehl. Ich erklärte ihr einfach: »Ich bin ein Mensch für mich!« und widersetzte mich allen ihren Geboten. Nicht nur der Großvater und ich, sondern auch die Leute auf Groß-Tschuder waren froh, als sie wieder abreiste. Ich habe sie nie wieder gesehen und der Briefwechsel zwischen ihr und meiner Mutter wurde von Jahr zu Jahr dünner.

Zwanzig Jahre nach meinem Kindheitserlebnis in Groß-Tschuder, im Frühjahr 1945, tauchte sie erst wieder in meinem Bewußtsein auf. Sie hatte immer in Königsberg gelebt, und nun mußte sie wohl von der großen Flucht der Deutschen vor der russischen Armee erfaßt worden sein. Irgendwo auf den vereisten Landstraßen von Königsberg nach Westen muß sie liegengeblieben sein. Ich habe nie wieder etwas von ihr gehört.

Agnes Anastasia

Ein wechselvolles Leben

Sie war eine schöne Frau, sie war eine reiche Frau und sie war meine Mutter. (Abb. 7) Als sie immer noch schön, aber nicht mehr reich war, saß sie nächtelang an der Nähmaschine, um mich auf eine höhere Lehranstalt schicken zu können. Sie hat mich sehr geliebt und ich sie auch.

Wenn ich heute, vierzig Jahre nach ihrem Tod an sie denke, fallen mir immer die Worte ein, die Goethe über seinen großen Vorläufer, den Barockdichter Johann Christian Günther gesagt haben soll: »Er wußte sich nicht zu zähmen und so zerrannen ihm Leben und Lieben.« Meine Mutter wußte sich auch nicht zu zähmen, und so zerrannen auch ihr Leben und Lieben.

Agnes Anastasia hieß sie, war die Tochter des Bernsteinaufkäufers Johannes Steffan und wurde am 27. November 1885 in Danzig geboren. Wenn man so will, erblickte sie also im Tierkreiszeichen des »Schützen« das Licht dieser Welt. Und alles, was die Astrologen von altersher den Schützegeborenen nachsagen, besaß sie in hohem Maße. Sie war weltaufgeschlossen, willensstark, hilfsbereit, allem Schönen und Echten zugetan und sehr kontaktfreudig. Wen sie liebte, den liebte sie ganz. Wer ihre Liebe nicht erwidern wollte oder konnte, bekam ihre Abneigung in gleichem Maße zu spüren und konnte

7 Mutter Agnes Anastasia Riemeck (1916)

ein Lied davon singen. Ihr Ehemann *Maximilian Ernst Riemeck* (Abb. 8) konnte es, und ich konnte es auch.

Es war im Jahre 1906 geschehen, daß sie ihn als Einundzwanzigjährige in Danzig geheiratet hatte. Der reiche Kaufmannssohn war hoch zu Roß durch die Gassen geritten, galt als Danzigs bester Schwimmer, besaß ein Segelboot und spielte eine große Rolle im Ruderclub der Hansestadt. In den Weinstuben Danzigs war er als hervorragender Kenner französischer »Lagen« bekannt. Als Sohn einer begüterten Danziger Kaufmannsfamilie hatte er – gerade noch – das »Einjährige« gemacht, war dann an befreundete Firmen delegiert worden, hatte sich aber für Ein- und Verkauf nicht sonderlich interessiert, dafür aber um so mehr für die Spielzeiten von Oper, Operette, Schauspiel oder Ballett.

Hals über Kopf hatte er sich in die schöne Agnes verliebt, als er sie unter den Zuschauern einer Ruderregatta sitzen sah. Sofort lud er sie zu einem Spaziergang ein, ging mit ihr Kaffee und bald auch Wein trinken, drei Monate später machte er ihr einen Heiratsantrag und stellte sie sofort seiner verwitweten Mutter *Katharina Renate Riemeck*, geborene *Dannenberg* vor. Diese begrüßte sie mit äußerster Zurückhaltung, war sie doch über die Mesalliance ihres einzigen Sohnes einigermaßen »schockiert«. Sie hatte längst eine standesgemäße Eheschließung verabredet und sollte jetzt mit einer kleinen Näherin vorlieb nehmen.

8 Max Riemeck mit Renate Riemeck (Breslau 1922)

Ihre anfängliche Distanziertheit ließ jedoch bald nach, als sie merkte, daß ihre künftige Schwiegertochter sich tadellos zu benehmen wußte. Sie konnte ja auch nicht ahnen, daß dies ein Kind der Rosalia war und sich mit selbstverständlicher Sicherheit in »gehobenen Kreisen« zu bewegen wußte.

Mit offenen Armen aber hatte ihre Tochter *Katharina*, die Frau des Danziger Stadtbaumeisters Mick (Abb. 9), Agnes begrüßt und gleich mit ihr Freundschaft geschlossen, die übrigens ein Leben lang Bestand haben sollte.

»Tante Mick«, wie ich sie als Kind immer nannte, kam sie später in Breslau oft besuchen, wo ich 1920 geboren worden war.

Kennengelernt habe ich »Tante Mick« aber nicht erst in Breslau, sondern schon bevor sie ihre Besuche in Schlesien begann. Meine Mutter hatte sie nämlich schon einmal in Zoppot aufgesucht, wo sie eine Villa besaß und auf einem großen Flügel zauberische Klänge durchs ganze Haus schickte. Ihr verdanke ich meine Liebe zur Musik. Ich verdanke ihr aber auch meine erste Begegnung mit der Unendlichkeit. Als meine Mutter sie 1925 in Zoppot besuchte, wo wir bei Dunkelheit angekommen waren, konnte ich die ganze Nacht nicht schlafen. Ich hörte andauernd das regelmäßige Rauschen der Wellen und wurde immer aufgeregter. Am nächsten Morgen löste sich das große Rätsel der Nacht. Man nahm mich mit auf die riesig-lange »Seebrücke« Zoppots und ich sah das Meer. Sein Anblick überwältigte mich derartig, daß

9 Familie Riemeck. Von links: Großmutter Renate Marie Riemeck, geborene Dannenberg, Onkel Hermann Mick, Katharina Mick, geborene Riemeck.

ich wie verrückt den Steg entlang lief und wahrscheinlich ins Meer gesprungen wäre, hätten die Erwachsenen mich nicht eingeholt und daran gehindert.

Seither hatte es die Ostsee mir angetan und es zog mich, die kleine »Landratte« immer an die See. Ich verstand nicht, warum meine Mutter nicht schnell auch nach Königsberg zu ihrer Schwester weitergereist war. See ist See dachte ich, und für Entfernungen fehlte mir noch das Verständnis.

»Tanta Mick« war ein sehr lieber Mensch, war sehr belesen und rücksichtsvoll und gehörte zur »Christian Science«, was mir als Kind höchst geheimnisvoll vorkam. Wenn ihr Besuch in Aussicht stand, wußte ich das schon lange im voraus; denn dann war immer das Klavier gestimmt worden. Sie war, wie gesagt, eine große Pianistin, und wenn sie in die Tasten hieb, saß ich ihr stets zu Füßen und mein kleiner Dackel auch. Er jaulte nie, selbst wenn sie *Chopin* oder *Debussy* erklingen ließ. Sobald »Tante Mick« im Hause war, herrschte eitel Freude, und ihr Bruder Max war nicht wiederzuerkennen, sobald sie das Klavier »bearbeitete«.

Seine Heirat mit meiner Mutter war von ihr sehr begrüßt worden, hoffte sie doch zuversichtlich auf den guten Einfluß, den Agnes auf ihren leichtlebigen Bruder ausüben würde. Sie war deshalb auch ziemlich erschrocken, als sie bald nach dem Tode ihrer Mutter von ihm erfuhr, daß er Danzig verlassen und mit seiner schönen jungen Frau nach Polen gehen wollte. Mit Recht fürchtete sie, daß er wieder einmal in finanzielle Schwierigkeiten geraten war, und ziemlich betrübt ließ sie ihn und Agnes in das ferne *Lódz* ziehen, in eine wachsende Industriestadt, wo er ausgerechnet einen Getreidehandel eröffnen wollte. Das könne doch nicht gutgehen, befürchtete seine Schwester, und sie sollte rechtbehalten. Der lebhafte Briefwechsel, den sie mit Agnes unterhielt, konnte Zeugnis davon ablegen.

Agnes war ihm gerne in das benachbarte, aber doch so fremde Land gefolgt, und sie brachte den Polen große Sympathien entgegen. Von Rosalia, ihrer Mutter, hatte sie viel über die unglückselige Geschichte dieses Landes gehört und wußte, daß das einstmals so mächtige Königreich von seinen Nachbarn zugrundegerichtet worden war. Die Russen, die Österreicher, die Preußen hatten es mehrmals unter sich aufgeteilt, und als die Preußen 1871 zur herrschenden Macht in Deutschland geworden waren, konnte es für die Polen nicht besser werden.

Agnes bemerkte sehr schnell, daß ihr Max gleich als »deutscher Herr« in Polen auftrat, sich sehr arrogant verhielt und für die polnische Bevölkerung nur Mißachtung aufbrachte. Für ihn waren die Polen ein rückständiges, minderwertiges, dummes Volk, von dem man sich grundsätzlich bedienen ließ. Es ärgerte Agnes sehr, wie hochmütig und herrenhaft ihr Max sich sogleich in Polen gebärdete.

Für seine geschäftlichen Vorhaben war eine solche Haltung keine gute Voraussetzung. Die Polen waren klüger, geschäftstüchtiger und fleißiger als ihr Max.

Bei Verhandlungen über den Kauf von Getreide ließ er sich von seinen polnischen Geschäftspartnern auch leicht in Grund und Boden trinken. Es wurde ja immer kräftig »gebechert« beim Verhandeln um Preis und Qualität, und man trank polnisch-russischen »Wodka«, der dem Max sehr viel schlechter bekam als das »Danziger Goldwasser« oder der »Beaujolais«, den er sich immer aus Frankreich hatte kommen lassen. Nicht daß er ein echter »Trinker« geworden wäre, aber sein Alkoholverbrauch war doch beachtlich, und oft ließ er sich auch zum Kartenspiel verführen.

Agnes bemerkte das mit Schrecken, wenn sie seinen Sakko bürstete und Schuldscheine aus seinen Taschen holte. Dann war sie immer froh, daß Mutter Rosalia sie einst in die Schneiderlehre gesteckt hatte; denn Damenkleider wurden ja auch in Lódz gebraucht.

Sie war aber nicht etwa ein »Heimchen am Herd«, sondern ließ sich in Polen ebenso umschwärmen wie in Danzig. Wenn es irgendwo ein Tanzvergnügen gab, war sie dabei und wurde stets die »Ballkönigin«. Mit der polnischen Bevölkerung verstand sie sich sehr gut. Sie schloß Freundschaften in Lódz, und ihre Liebe zu Polen hat sie sich ein lebenlang bewahrt. Sie verteidigte vehement die Polen, als diese von Deutschland 1939 überfallen und während des Zweiten Weltkriegs schandbar unterdrückt wurden. Den Grund für ihre Polenfreundlichkeit hat sie schon in Lódz gelegt. Dennoch drängte sie damals ihren Ehemann zur Rückkehr nach Deutschland. Sie hoffte, daß er in seiner Heimat wieder disziplinierter leben würde und vielleicht zu sich selber fände. Man ging wieder nach Danzig. Aber Max hatte wenig Glück.

Sein polnisches Desaster hatte sich herumgesprochen, und es gelang ihm nicht, an alte Geschäftsverbindungen anzuknüpfen. Daß Agnes aber in seiner – und ihrer – Heimatstadt, in der er noch als Sohn reicher Eltern und Lebemann einen zweifelhaften Ruf genoß, wieder als Schneiderin arbeiten sollte, das war zuviel für seinen Stolz. Sie muß ihn aber trotz seiner Großmannssucht und seines Unvermögens redlich zu arbeiten, doch sehr geliebt haben. Denn in Danzig wurde sie schwanger und gebar ihm einen Sohn. Der kleine *Karl Ernst* war aber ein sehr schwächliches Kind und hat sein erstes Lebensjahr nicht vollenden können. Agnes war todtraurig. Aber sie hätte nicht die Tochter der Rosalia sein müssen, um bei aller Traurigkeit nicht tapfer und lebensbejahend zu bleiben.

Ein alter Lehrer riet dem Max, sich eine Arbeit in einer Versicherungsanstalt zu suchen. Das war schwer für ihn. Aber nach dem Tode des Söhnchens entschloß er sich doch, eine Agentur in der Provinz zu übernehmen.

Man verließ Danzig, zog nach *Graudenz* und später nach *Neustadt*, und Max versicherte, sehr gegen seinen Geschmack, die »kleinen Leute« gegen Brand und Diebstahl. Es waren die letzten Jahre vor dem Ausbruch des Ersten Weltkrieges und man lebte im Kaiserreich der Hohenzollern als guter Bürger oder als unzufriedener Arbeiter, der sozialistisch auf die große »Internationale« und den Sturz der Monarchie hoffte.

Der Max war ein kaisertreuer Nationalist, hatte mit Ach und Krach das »Einjährige« gemacht und sich in den »Kaisermanövern« zum Reserveleutnant hochgedient. Als er dann nach der Ermordung des österreichischen Thronfolgerpaares (28. Juni 1914) und der »Julikrise« einberufen wurde, sang der Max wie so viele Deutsche lauthals »Siegreich wollen wir Frankreich schlagen«, aber er war durchaus sehr froh, daß eine Magenerkrankung ihn davor bewahrte, »an die Front« zu kommen. Agnes strickte wie so viele andere deutsche Frauen Wollhandschuhe für die Soldaten, als der Krieg bis Weihnachten 1914 immer noch andauerte und der erhoffte Sieg ausgeblieben war. Jahrelang sollten sich die Kampfhandlungen fortsetzen.

Agnes dachte voller Besorgnis an ihre Königsberger Schwester Hedwig, als die ersten russischen Regimenter gegen Ostpreußen vorrückten. England und Frankreich griffen erst Anfang August in das Kriegsgeschehen ein, und nun waren ihre Brüder Franz Joseph, Alexander und Leopold direkt betroffen. Franz Joseph, der Schauspieler, befand sich gerade auf einer Gastspielreise des Deutschen Theaters in St. Petersburg und wurde sofort interniert. Alexander wurde, wie schon erzählt, zum Tageshelden in der Danziger Presse, weil er als erster Westpreuße im

Mannschaftsstand das EK I erwarb. Auch Leo wurde sofort eingezogen. Max wurde »k. u.« (kriegsuntauglich) geschrieben und als Subdirektor einer Versicherungsanstalt kriegsverpflichtet.

Die Sorge um ihre Schwester Hedwig löste sich auf, als in der *Schlacht von Tannenberg* (26.–30. August 1914) die russischen Truppen geschlagen wurden. Franz Joseph mußte irgendwo in Rußland sein, Alexander machte Karriere, nur Leo geriet in Frankreich »an die Front« und machte seit 1916/17 bei Verdun die übelste Form des Stellungskrieges mit.

Agnes neigte mehr und mehr den Gegnern der Hohenzollerndynastie zu. Sie stellte sich im Gegensatz zu ihrem Max auf die Seite der murrenden Arbeiterschaft. Als dann der Krieg seinem Ende zuging und *Philip Scheidemann* am 9. November 1918 in Berlin die deutsche Republik ausrief, weinte sie dem Kaiser keine Träne nach. Inzwischen hatte sich ihre Haltung zu Staat und Gesellschaft sehr gewandelt. Im Unterschied zu ihrem Max trat sie ganz für den demokratischen Fortschritt ein.

Mit dem *Versailler Vertrag* (28. Juni 1919) war beiden Eheleuten ihre Heimat verloren gegangen. Danzig gehörte nicht mehr zum Deutschen Reich, es war eine gesonderte »Freie Stadt« inmitten eines total polnischen Landes geworden. Das schmerzte sie sehr. Aber sie und ihr Ehemann waren ohnehin von Westpreußen nach Schlesien verschlagen worden, nach Breslau, der zweitgrößten Stadt Deutschlands, wo er – noch kriegsbedingt – für seine Versicherungsanstalt arbeiten sollte. Hier erlebten die beiden die Revolution, die in Breslau erheblich sanfter verlief als in Berlin, der Reichshauptstadt.

Agnes begab sich also Anfang 1919 nach Breslau, um dort eine Wohnung zu suchen. Sie war von der schönen, alten Stadt und dem prächtigen gotischen Rathaus, dem »Ring« und dem noch aus vorpreußischer Zeit, in theresiengelb gestrichenen Schloß an der Oder hell entzückt. Die Schlesier gefielen ihr sehr und sie gefiel den Schlesiern. Nachdem sie einen ersten Blick auf die Stadtmitte und die Dominsel geworfen hatte (Abb. 10), wandte sie sich dem Westen zu. In den meisten deutschen Großstädten war und ist der Westen fast immer der Wohnbezirk der wohlhabenden und reichen Leute und also die Gegend, in der man Kundinnen für moderne Kleider finden kann. Agnes mißtraute der Fähigkeit ihres Max, die Lebensgrundlage für sie und ihn selber verschaffen zu können. Sie wollte auf »Nummer Sicher« gehen. Aber je weiter sie westwärts spazierte, den alten, mittlerweile zugeschütteten *»Stadtgraben«* überschritten hatte, desto grauer wurden die mehrstöckigen Häuser, desto industrieller wirkte die ganze Gegend. Nein, in Breslau war der Westen nicht der vornehmste Stadtteil (Abb. 11). Sie kam in die Friedrich-Wilhelm-Straße, und der Name erinnerte sie an die Freiheitskriege von 1813/15, wo in Breslau dem König *Friedrich Wilhelm III.* der Entschluß zur Teilnahme am Krieg gegen Napoleon I. abgerungen worden war. So

Umgebung von Breslau

10 Breslau. Die Dominsel mit der »Kreuzkirche«, Backsteinhallenbau in Kreuzform (1278 bis ca. 1400).

etwas wußte sie von ihrer Mutter, der schönen Rosalia, die so herrlich Geschichten erzählen konnte.

Sie wollte schon umkehren, als plötzlich ihr Blick auf ein winziges Lebensmittelgeschäftchen fiel, an dessen offener Ladentür ein kleines, ungelenk bemaltes Schildchen hing: »Zu verkaufen«. Sie blieb stehen und sah hinein. Zwei alte Leutchen standen neben einer halbleeren Sauerkrauttonne. Da durchfuhr sie ein blitzartiger Gedanke: Warum nicht den kleinen Laden kaufen?

Nahrungsmittel gab es ohnehin nur auf Lebensmittelkarten. Aber die Einzelhändler mußten doch einen gewissen Vorrat bekommen, um ihn gemäß der behördlichen Rationierung auszuhändigen. Und würde da am Ende nicht immer ein kleiner Rest von Mais, Zucker oder Mehl in den Säcken übrigbleiben? Kurz entschlossen betrat sie das Geschäftchen und schnell wurde sie mit den alten Leuten handelseinig. Sie band sich eine weiße Schürze um und stand am nächsten Morgen freundlich lächelnd hinter dem Ladentisch.

Da die Schlesier samt und sonders wissensfreudig um nicht zu sagen neugierig sind, sprach es sich im Nu herum, daß eine sehr hübsche, stets lächelnde Frau das Lädchen übernommen hatte. Man wollte sie sich begucken und nahm seine Lebensmittelkarten mit, um zu sehen, ob sie wirklich eine so nette und schöne Frau sei. In kürzester Zeit hatte sie dann die wenigen noch vorhandenen Waren verkauft. Sie ergriff ein herumstehendes Leiterwägelchen, lachte:

11 Breslau. Wohngebiet im Westend.
Königsplatz mit Bismarckbrunnen.

»Bin gleich zurück!« und rannte eiligst quer durch die Stadt zur Großhandelsfirma »*Molinari*«. Dort fragte sie gleich, ob diese Firma etwa mit den Molinaris identisch sei, die in *Gustav Freytags* Roman »Soll und Haben« eine große Rolle spielten. Ja, sie hatte richtig geraten, und die Mitarbeiter waren ganz entzückt, daß die junge Frau nicht nur sehr hübsch, sondern auch literarisch gebildet war. Sie behandelten sie bevorzugt und lieferten ihr am anderen Tag die bestellten Waren bereits in einem firmeneigenen Wagen aus.

Als sie das erste mal mit dem Leiterwagen fortgeeilt war, hatten ihre Kunden bereitwillig auf ihre Rückkehr gewartet. Eine kleine Schlange hatte sich gebildet, und man begrüßte sie mit einem lauten Hallo. Das wiederholte sich, als der Molinari-Wagen ihr den Weg abnahm, und man war stolz auf ihren kleinen Erfolg. Das winzige Geschäft wurde bald zu klein, und schon nach kurzer Zeit mietete sie sich einen großen Laden am »Sonnenplatz«. Ihre alten Kundinnen blieben ihr treu, neue kamen hinzu, und das Geschäft wuchs und wuchs, obwohl die Zeiten immer schlechter wurden.

Der verlorene Weltkrieg machte sich in einer ständig wachsenden Zahl von Arbeitslosen bemerkbar. Die Frauen konnten die rationierten Waren nicht mehr bezahlen. Da schlug die große Stunde für die junge Frau, die ja eigentlich nur »per Zufall« in den Lebensmittelhandel gekommen war und eigentlich eine Wohnung für ein Schneideratelier gesucht hatte.

Den Verkäuferinnen, die sie schon eingestellt hatte, gab sie Anweisung, den Arbeitslosenfrauen alle Grundnahrungsmittel »auf Pump« auszuhändigen; das heißt die Warenzettel wurden mit Namen versehen und in der Kasse aufbewahrt. Der halbe Breslauer Westen stand bei ihr »in der Kreide« und sie selber war beim Großhändler schon schwer verschuldet. Die anderen Kolonialwarenhändler warnten sie wegen ihres großen »Leichtsinns«. Aber sie sagte ihnen, daß sie an die Redlichkeit der Proletarier glaube: »Es sind ehrliche Leute, und keinen Pfennig werde ich verlieren!« Sie sollte Recht behalten; denn sobald sie wieder Arbeitslosengeld erhielten, bezahlten »ihre Proletarier« so viel sie konnten.

Dennoch war das Leben am Sonnenplatz ganz und gar nicht sonnig für sie. Ihr Max war »fremdgegangen«, verspielte das von ihr erworbene Geld bei Glücksspielen und verlieh es großzügig an Hinz und Kunz. Agnes protestierte, macht ihm berechtigte Vorwürfe, und aus war es mit dem Ehefrieden. Es kam andauernd zu Ehekrächen, und Agnes hätte kein »Schützemensch« sein müssen, wenn sie nicht immer wieder »geplatzt« wäre. In einer schweren Ehekrise konnte sie sich wieder einmal nicht zähmen und rannte ihm einfach davon. Aber wohin sollte sie sich begeben? Ihre Familie war in alle Winde zerstreut und ihre westpreußische Heimat war polnisch geworden.

Da fiel ihr der Jugendfreund, der Danziger Medizinstudent *Herbert Graupe* ein. Er hatte ihr versprochen, immer treu zu ihr zu halten, nachdem sie

1906 den flotten Kaufmannssohn *Max Riemeck* geheiratet hatte, den er nicht leiden konnte. Sie fand, daß er nun sein Versprechen einlösen könnte, und fuhr einfach zu ihm hin.

Graupe war inzwischen Facharzt für Hals-Nasen-Ohren-Leiden geworden, hatte sich in Berlin niedergelassen und war dort auch Theaterarzt an der Charlottenburger Oper geworden. Agnes fuhr also kurzerhand nach Berlin. Er war unverheiratet geblieben, und so brachte er die unglückliche Agnes bei seiner Mutter, einer feinen alten Jüdin, unter, die Agnes schon aus Danzig kannte. In ihrem großzügigen Haus trafen sich oft die Opernsänger und andere Künstler, die ihr Sohn betreute. Agnes war restlos begeistert von dem freizügigen Leben in diesen Kreisen. Sie wäre gerne Theaterschneiderin geworden. Doch dazu sollte es nicht kommen. Sie verliebte sich Hals über Kopf in den Bariton aus dem Charlottenburger Ensemble und fand, daß es die große Liebe ihres Lebens war. Nach einiger Zeit entdeckte sie, daß sie schwanger ist. Dem Vater ihres Kindes verschwieg sie ihre Schwangerschaft, wußte sie doch nicht, ob er verheiratet war und Kinder hatte. Sie erwog eine Abtreibung, war aber doch zu religiös, um sie wahr zu machen. Diesem Entschluß verdanke ich meine Existenz.

Sie schrieb ihrem Max, was geschehen war und bot ihm ihre Rückkehr nach Breslau an, vorausgesetzt, daß er das Kind annehme und ihm seinen Namen gäbe. Der gutherzige Max war selig, daß sie zurückkommen wollte, und nahm sie mit offenen Armen auf. Dem Kind war er zwölf Jahre lang ein guter, lieber Vater, auch wenn es in seiner Ehe immer wieder kriselte.

Agnes stürzte sich nach ihrer Rückkehr von Berlin mit ganzer Kraft in das Geschäft, das übrigens seinen Namen trug. Die Folge ihres übermäßigen Arbeitseinsatzes war eine Frühgeburt des Kindes. Es kam nach sieben Monaten zur Welt und wurde in einer Privatklinik geboren. Gleichzeitig mit ihm – also mit mir – erblickte ein kleiner Junge das Licht der Welt. Er wurde von einer jüdischen Rechtsanwaltsfrau geboren, die so viel Muttermilch hatte, daß sie auch mich nähren konnte, weil Agnes viel zu wenig eigene hatte. Noch lange nach ihrer Entlassung aus der Klinik schickte Agnes täglich eine Angestellte zu ihr, um ihre Milch für mich zu holen. Ob es meiner jüdischen Muttermilch zu danken ist, daß ich nie – auch während der Nazizeit nicht – dem Antisemitismus verfallen konnte?

Meinem Milchbruder bin ich übrigens einmal in meinem Kinderleben begegnet: Meine Mutter erzählte mir, daß sie der Rechtsanwaltsfrau vier Jahre später zufällig in Bad Kudowa wieder begegnet ist, als beide Mütter dort zur Kur weilten. Als sie sich im Gespräch mit ihr befand, lief plötzlich ein kleiner Junge herbei. Wir Kinder sahen uns, liefen aufeinander zu und fielen uns um den Hals, obwohl wir uns nie zuvor gesehen hatten, und gleich spielten wir miteinander, als kennten wir uns schon lange.

Was aus meinem jüdischen Milchbruder wohl geworden sein mag? Ob es ihm gelang, der Judenverfolgung durch die Nazis zu entkommen? Ob er in Buchenwald oder Auschwitz umgebracht wurde? Unsere Mütter hielten keinen Kontakt, und ich habe den Jungen nicht wiedergesehen.

Nachdem meine Mutter die Klinik wieder verlassen hatte, stürzte sie sich erneut in die Arbeit, als wollte sie ihren »Fehltritt« ausgleichen. Mit meiner Geburt aber kam das Glück zu ihr. Sie wurde außerordentlich beliebt bei der arbeitenden Bevölkerung des Breslauer Westens. Sie hatte ja in der Notzeit gleich nach dem Ersten Weltkrieg den arbeitslosen Frauen ihre Lebensmittel auf Pump gegeben.

Doch das Geld verlor immer mehr von seinem Wert. Die sogenannte »Inflation« griff in rasendem Tempo um sich und schließlich rechnete man mit Millionen und Billionen. Agnes überstand auch diese katastrophale Entwicklung mit mehr Glück als Verstand.

Für den Mammon hat sie stets nur Verachtung gehabt. Irgendwelche inflationären Geschäfte hat sie nie gemacht. Dennoch profitierte sie von der Währungsreform und der »RM« (Rentenmark-Einführung).

Zu dieser Zeit waren bei der Firma Molinari sechs Säcke ungerösteten Kaffees aus Guatemala eingetroffen. Der alte, weißhaarige Herr Irrgang, Mitarbeiter bei den Molinaris, gab ihr einen guten Rat. Sie solle doch den Kaffee trotz seines hohen Preises sofort kaufen, ihn aber erst rösten lassen, wenn die neue Währung sich wieder eingespielt habe. Agnes folgte seinem Rat, borgte sich bei Bekannten das Geld für den Rohkaffee zusammen und brachte ihn geröstet erst auf den Markt, als die Frauen nach der Inflation sich allmählich wieder den jahrelang vermißten »Türkentrank« leisten konnten. Der Andrang war so groß, daß der Kaffee Agnes im Handumdrehen reich machte. Denn wer bei ihr Bohnenkaffee kaufte, ließ ja auch andere Waren mitgehen. Das Geschäft florierte, und als sie es 1925 aufgab, hatte sie dreizehn Filialen in Breslau. Sie fand, daß sie genug verdient habe und glaubte, von den Gewinnen, die sie erarbeitet hatte, gut leben zu können. Vor allem wollte sie aber nachholen, was sie seit ihrer Heirat mit Max Riemeck vor lauter Arbeit versäumt hatte. Sie empfand ihre Bildungslücken, wollte viel lesen, Theater besuchen und Reisen nach Italien und Frankreich machen.

Ihre Kunden bedauerten den Entschluß der Geschäftsaufgabe sehr. Sie hatte sich bei ihnen außerordentlich beliebt gemacht und jetzt war sie einfach verschwunden. Man behielt sie aber in guter Erinnerung. Ich entsinne mich noch eines Ereignisses von 1926, ein Jahr nach ihrer Geschäftsaufgabe. Da war es plötzlich zu einer großen Arbeiterdemonstration in Breslau gekommen: Mit roten Fahnen und Spruchbändern wälzten sich hunderte, ja tausende von Arbeitern durch die Straßen. Viele von ihnen drangen auch in den Riesenhof hinter dem Haus meiner

Eltern ein, skandierten klassenkämpferische Parolen und stiegen auch die Treppen zur elterlichen Wohnung hinauf. Agnes öffnete unerschrocken ihre Wohnungstür und drohte ihnen: »Ich rufe die Polizei!«. Da brach ein schallendes Gelächter aus: »Sie ist ja schon da!«, riefen die Demonstranten, und meine Mutter sah, daß ich mit einem Holzschwert in der Hand und Helm auf dem Kopf hinter ihr stand. Die Demonstration löste sich vergnügt auf. Die Breslauer Arbeiter konnten der Frau nicht ernsthaft grollen, der sie in der Inflationszeit soviel zu danken gehabt hatten.

Agnes hätte sicher viele Kunstreisen unternommen, hätte ihr Ehemann – und Vermögensverwalter – nicht ganz andere Vorstellungen über die Verwendung des Reichtums gehabt und das veritable »Schloß« Groß-Tschuder gekauft.

Ein Schloß im kunsthistorischen Sinne war es ja eigentlich nicht, sondern eher ein großes Gebäude im Stile des ausgehenden 18. Jahrhunderts, wie man es zahlreich auch von Bürgerhäusern jener Zeit kennt. Aber die Leute nannten es eben »Schloß«, und das gefiel dem Max.

Die sechsunddreißig Zimmer des »Schlosses« waren ebenso hoch und breit wie kalt und zugig. Aber eine Kastanienallee führte zu ihm hin und ein riesiger Teich verschönte das ganze Anwesen. Nebengebäude und Ställe gaben dem Hauptgebäude einen besonderen Charakter. Meine Mutter war aber durchaus nicht stolz darauf, daß sie die Breslauer Sechszimmerwohnung gegen Groß-Tschuder eingetauscht hatte. Sie ärgerte sich auch über die dienstherrliche Behandlung der Gutsangestellten durch ihren Max, der nur zu gerne einen »Landauer« anspannen ließ, aber auch das Auto mitgenommen hatte, das noch zu den seltenen Exemplaren seiner Art gehörte, die einen Eigennamen hatten. Die »Blaue Maus« hieß das Cabrio und es verschlang eine Unmenge an Benzin. Außerdem war ein Chauffeur erforderlich, den sich ihr Ehemann aus einer Bauernfamilie des Dorfes ausgesucht hatte. Der »Herbert« hatte große Mühe mit dem Sechszylinder, der ihm immer wieder stehen blieb.

Nein, Agnes fand weder das »Schloß« noch das Auto schön. Sie fuhr lieber mit einem Pferdewagen und am liebsten zur nächsten Bahnstation, um zwischendurch in Breslau sein zu können. Einmal und nie wieder ist sie mit dem Herbert und der »Blauen Maus« die siebzig Kilometer nach Breslau gefahren. Es dauerte zu lange und war zu beschwerlich, um es je zu wiederholen.

Das Landleben war sowieso nichts für Agnes. Sie war von kleinauf ein Stadtkind und ist es geblieben. Nur mit dem Aufgebot des höchsten guten Willens konnte sie Groß-Tschuder auch einige gute Seiten abgewinnen. Die Felder, die Wiesen, der Wald ließen sich nicht verachten, zumal die kleine Renate »gute Luft« bekam und gerne davon Gebrauch machte. Hier ließ es sich jedenfalls besser herumtollen als in der Großstadt. Doch »das Kind« vermißte seine

Breslauer Spielgefährten und der Umgang mit den Bauernkindern mußte erst mühsam gelernt werden.

Wie gut, daß Agnes ihren Vater Johannes Steffan und seine zweite Frau von Breslau nach Groß-Tschuder mitgenommen hatte. Der wollte aber absolut nicht »im Schloß« wohnen und bezog ein Nebengebäude. Er war ein Segen für seine Enkelin, die von ihm praktische »Naturkunde« erhielt und herrliche Geschichten erzählt bekam. Er war auch der große Tröster für sie, als die erste Treibjagd auf Groß-Tschuder stattgefunden hatte und lauter tote Hasen, Rehe und Kaninchen im Keller des Schlosses lagen. Da hätte Agnes nichts zu sagen gewußt, und sie hätte auch im ersten Frühjahr in Groß-Tschuder nicht so gut wie er zu erklären gewußt, warum aus den weißen Blüten der Obstbäume rote Kirschen werden.

Daß ihre Eltern Agnes von Breslau in das Dorf gefolgt waren, erwies sich als großer Segen; denn sie selber wußte zuwenig von den Alltagsdingen auf dem Dorfe. Immerhin war es mehr als ihr Max an Kenntnis besaß, dessen hochherrschaftlichen, aber primitiven Vorstellungen vom »Leben auf dem Lande« meinen Großvater, also ihren Vater, nur zum ständigen Widerspruch reizen mußte. Er blieb daher auch nicht allzu lange in Groß-Tschuder. Agnes sah schnell ein, daß es nicht gut ging zwischen ihrem Vater und ihrem Ehemann. So suchte sie ihm eine Wohnung am Stadtrand von Breslau, kaufte ihm ein Stück Land, wo er Kartoffeln setzen und Rosen züchten konnte, und solange es ihr finanziell möglich war, schickte sie ihm das nötige Geld.

Er war 1923 von den Polen aus seiner westpreußischen Heimat mit einer angemessenen Entschädigung ausgewiesen worden, aber er kam gerade in die Inflation und wurde bettelarm. Sie hätte ihm gern in Groß-Tschuder wieder das Säen und Ernten ermöglicht, das er als Dorfkind immer geliebt hatte, aber er konnte die Landwirtschaft seines Schwiegersohnes nicht mitansehen.

Agnes' Gedanke, aus Groß-Tschuder eine Stätte der Ruhe und Erholung für ihre Verwandten zu machen, schlug völlig fehl. Ihre Schwester *Hedwig*, die Königsberger Architektenfrau, folgte nach dem Tode ihres Mannes der Einladung nach Groß-Tschuder, wurde aber von ihrem Vater, meinen lieben Großvater, so völlig abgelehnt, daß sie schleunigst wieder abreiste. *Leopold*, ihr Lieblingsbruder, der aus dem Ersten Weltkrieg mit einer Lungenerkrankung zurückgekommen war, konnte sich auch in dem schönsten und sonnigsten Zimmer des Schlosses nicht wirklich erholen und starb ein Jahr später in Breslau.

Das »Schloß« und seine schöne Umgebung waren für Agnes also keine reine Freude, zumal ich in die Schule kam und es dort im nächsten Dorf nur eine einklassige Volksschule gab. Ich war sehr begeistert von dem jungen Lehrer und fand es wunderbar, immer mit den älteren Jahrgängen in der Schule mitmachen zu können. Aber für den jungen Lehrer war das gar nicht schön. Ich muß seinen Unterrichtsaufbau dermaßen gestört haben, daß er angeradelt kam, um meine Eltern zu bitten, mich in die vollausgebaute Volksschule in der nächsten kleinen Stadt fahren zu lassen.

Ganz schüchtern betrat ich die Anfängerklasse in Herrnstadt. So viele gleichaltrige Kinder hatte ich noch nie beisammen gesehen. Ich war sehr verwirrt. Da legte mein Banknachbar, ein hübscher blonder Junge, tröstend seine kleine Hand auf die meine, und fortan saßen wir Hand in Hand im Unterricht. Nach einigen Tagen lud er mich zum Mittagessen ein. Seine Mutter war eine rundliche hübsche Frau, und ihre schlesischen Klöße waren die besten, die ich je verzehrt habe. Er hatte obendrein einen Vater, der mir als besonders hochgestellte Persönlichkeit erschien: Er war »Bezirksschornsteinfegermeister«! Konnte es etwas Höheres geben? Mein neuer kleiner Freund und ich wurden bald unzertrennlich. Ich war so begeistert von ihm, daß meine Mutter ihn nach Groß-Tschuder einlud. Ich werde nie vergessen, wie stolz und fröhlich ich war, als ich mit ihm dem Schloß entgegenfuhr.

Als der Kutscher den kleinen Dogcart vor der Schloßterrasse anhielt, kam Agnes uns entgegen: Ich erschrak vor ihrem düsteren Gesicht, und sie schickte meinen kleinen Freund mit dem Wagen sogleich nach Herrnstadt zurück. Schluchzend sah ich dem Gefährt nach. Was war geschehen?

Die Mutter hieß mich Schlafanzug und Zahnbürste holen, legte beides in einen schon gepackten Koffer, wartete die Rückkehr des Kutschers ab und befahl ihm, sofort zur nächsten Bahnstation zu fahren. Der Vater war nicht im Haus. Ich konnte und sollte mich auch nicht von ihm verabschieden. Dann wurde eine Bahnkarte nach Breslau gekauft und ich erfuhr, daß die Mutter sich vom Vater trennen wollte. Ich war tief erschrocken, wußte ich doch gleich, daß die Eltern sich wieder einmal gestritten hatten. Die Bahnfahrt nach Breslau ist mir in schrecklicher Erinnerung. Ich konnte es kaum fassen, daß ich das Schloß, die Felder und Wiesen, den schönen Teich, mein Kinderzimmer und alles Spielzeug, vor allem aber den neuen Freund verlieren sollte. In Breslau angekommen, fuhren wir mit der Straßenbahn zu »Tante Klara«, und meine Mutter gab mich bei ihr ab.

Klara Röhricht war meine Patin, obwohl sie streng katholisch war und ich evangelisch getauft wurde. Sie war einst im Hauptgeschäft meiner Mutter eine der beiden Ersten Verkäuferinnen gewesen, und hatte von ihr 1925 eine der vielen Riemeckschen Filialen geschenkt bekommen, die beste in der Schweidnitzer Straße, und wer Breslau kennt, weiß, daß die »Schweidnitzer« war, was die »Kö« heute in Düsseldorf ist (Abb. 12). Tante Klara nahm mich sofort auf und brachte mich am Abend in ihre geräumige Einzimmerwohnung nahe dem Breslauer Dom. Es wurde mir gesagt, daß meine Mutter sich vom Vater getrennt habe und jetzt alleine leben wolle.

Agnes nahm ihr Quartier bei ihren Eltern, die wieder in Breslau wohnten. Meine Mutter hatte ihnen

12 Breslau. Schweidnitzer Straße.
Links Zeitungshaus von Rudolf Mosse.

eine hübsche Zweizimmerwohnung besorgt und unterstützte sie auch finanziell. Wenn sie nun bei ihnen wohnte, dann war sie weit entfernt von mir in einem anderen Stadtteil.

Klara Röhricht stellte in ihrer Einzimmerwohnung drei harte »Wiener Stühle« zusammen. Das war mein Nachtlager. Härter habe ich in meinem ganzen Leben nicht wieder geschlafen. Es war vielleicht ja auch meine Traurigkeit über den jähen Abschied von Groß-Tschuder und von dem kleinen Dackel, den ich zum sechsten Geburtstag geschenkt bekommen hatte. »Der Männe« war mein ständiger Gefährte gewesen und kannte alle meine Kindersorgen einschließlich meinen Kummer über den Dauerstreit zwischen den Eltern. Kein Schloß, kein Teich und auch kein Hündchen mehr und obendrein die entsetzlich harten Stühle.

Klara war sich ihrer Patenpflichten offensichtlich sehr bewußt. Sie brachte meine Mutter dazu, mich sogleich als externe Schülerin in einer Klosterschule anzumelden. Es waren die »Schulschwestern von Unserer lieben Frau« die das evangelisch getaufte Kind gerne und liebevoll aufnahmen. Unter ihnen war es die junge Schwester *Lioba*, die mich durch das Erste Schuljahr zu betreuen hatte und mir großen Eindruck machte. Sie hatte wohl gleich erkannt, daß ich aus einer kaputten Ehe stammen mußte. Ihre Freundlichkeit half mir, die Zeit der harten Stühle bei Tante Klara zu überstehen.

Eines Tages schickte sie mich aus ihrem Unterricht nach Hause. »Du hast Fieber und mußt gleich ins Bett.« Sie hatte keine Ahnung, daß ich kein Bett mehr hatte, und so schleppte ich mich in Tante Klaras Zimmer, legte mich auf die Stühle und verlor das Bewußtsein. Wie lange ich da so lag, weiß ich nicht. Plötzlich hörte ich meinen »Männe« kläffen. Max Riemeck erschien und nahm mich auf seine starken Arme, stieg mit mir die Treppen hinunter und legte mich in das wartende Auto. Wir fuhren in die Friedrich-Wilhelm-Straße, wo die Eltern sich ein schönes dreifenstriges Zimmer aus der großen Wohnung reserviert hatten, um von Groß-Tschuder aus Theater- oder Opernbesuche in Breslau machen zu können. Dort wartete meine Mutter schon auf mich, und bald erschien mein alter jüdischer Kinderarzt, der aber gleich wieder davoneilte, um mit einem Tropenarzt von der Breslauer Universitätsklinik zurückzukommen. »Indische Beulenpest« konstatierte er. Agnes war fassungslos. Eine Tropenkrankheit in Breslau?

Ich soll sie mir vielleicht beim Straßenbahnfahren von einem Asiaten »aufgegabelt« haben. Aber Agnes wußte, daß die lebensgefährliche Krankheit ihres Kindes auch ein Schicksalswink war. Sie söhnte sich mit ihrem Max wieder aus, der ja sofort – wohl auf Klaras Bitte – von Groß-Tschuder nach Breslau gefahren war und den Arzt geholt hatte. Er rettete mir das Leben.

Nach langem Kampf mit den schwarzen Beulen beschloß Agnes, wieder in die große Wohnung zu ziehen, und ihr Max war damit einverstanden, das

Schloß Groß-Tschuder nur als Gelegenheitsaufenthalt beizubehalten. Wenn er aber in Breslau war, kam es häufig zu Ehekrächen. Oft lief ich nach der Schule schnell auf dem Nachhauseweg in eine der vielen Breslauer Kirchen und betete in der Hoffnung, daß mein Gebet die Aussöhnung der Eltern bewirken könnte. Meistens aber empfing mich »dicke Luft«, wenn ich die Wohnung betrat.

Im Sommer 1932 war es dann soweit, daß Agnes in einem Streit ganz plötzlich ihre sechsundzwanzigjährige Ehe abbrach. Ausgerechnet auf dem Höhepunkt der Wirtschaftskrise in Deutschland verließ sie Breslau und ihren Ehemann und fuhr mit mir nach Pommern.

Ursache des Streites war ein finanzielles Problem, bei dem sie ihm vorwarf, das von ihr erarbeitete Vermögen verschleudert zu haben. Sie drängte ihn mit ihren Argumenten so sehr in die Enge, daß er sie anschrie: »Brich mir nicht den Mund auf!« Im gleichen Augenblick packte sie mich an den Schultern und stellte mich vor den Spiegel und sagte zu ihm: »Du kannst mir nicht drohen!«, und zu mir gerichtet sagte sie: »Sieh dir diesen Mann dort an! Er ist nicht dein Vater! Sieh dich selber gut an und du erblickst deinen wirklichen Vater; denn du siehst genau aus wie er.«

Ich war sehr erschrocken und langsam begriff ich, was sich zwischen den Eltern abgespielt hatte. Er war doch immer gut zu mir gewesen: Nie hatte ich ein böses Wort von ihm gehört. Und er sollte nicht mein Vater sein? Er war ganz blaß geworden, sagte kein

Wort und mit hängenden Schultern verließ er das Haus. So hatte ich ihn noch nie gesehen.

Agnes immer noch mit ihrem Zorn kämpfend, befahl mir: »Pack deinen Schlafanzug und deine Schulbücher ein! Wir verlassen Breslau und fahren an die Ostsee!« Ich war völlig konsterniert und weiß nur noch, daß ich meinen Kanarienvogel noch mit Futter versorgte, bevor wir die Wohnung verließen. Dann kaufte sie eine Fahrkarte nach *Stettin (Abb. 13)*. So plötzlich brach sie auf, daß ich mich von niemandem verabschieden konnte.

Die Fahrt nach Stettin war eine Abschiedsreise. Ich hatte das Gefühl, daß meine Kindheit endgültig beendet worden war.

Es war mir bewußt, was ich alles in Breslau zurücklassen mußte, als der Zug gen Norden rollte: die große Wohnung, das Klavier, auf dem ich bereits stundenlang zu spielen pflegte, meinen Schreibtisch im eigenen Zimmer, das Grammophon mit den Caruso-Platten, das Radio und das Telefon. Das Leben würde sich sehr verändern. Aber ich bejahte diese Veränderung. Es würde nicht mehr den Streit zwischen den Eheleuten geben, und mein Problem mit der katholischen Klosterschule würde auch beendet sein. Außerdem sollte es ja nach Pommern gehen, in das Land meiner sommerlichen Ferien in Swinemünde mit Strandkörben, Sandburgen und ungetrübter Fröhlichkeit.

In *Stettin* angekommen, verwandelte sich gleich der Eindruck von Pommern als dem Land unbe-

Umgebung von Stettin

13 Stettin. Stromab: Bollwerk und die Baumbrücke.
Im Hintergrund links Stadtmuseum, Regierungsgebäude.

schwerter Wochen an Strand und Meer. Die Mutter bezog mit mir ein verhältnismäßig billiges Quartier in einer kleinen Pension und studierte unentwegt die Zeitungen nach Annoncen, die den Verkauf eines kleinen Lebensmittelgeschäftes anboten. Wir klapperten alle möglichen kleinen Orte links und rechts der Oder ab, und die Idee eines Ladens in einem Ostseebad verblaßte mehr und mehr. Entweder war es zu teuer oder mit Bedingungen verknüpft, die nicht zu erfüllen waren. Die Sommerferien gingen dahin, und ich mußte ja auch wieder in die Schule gehen. Da bot sich plötzlich der Kauf eines kleinen Geschäftes in *Plathe* an der Rega an (Abb. 14), im Binnenland zwischen Stettin und Kolberg gelegen. Meine Mutter erwarb es, weil es just zu dem Preis zu haben war, den der Verkauf des Brillantringes ihr einbrachte.

So gelangten wir also in das 3000-Seelen-Nest Plathe, in ein Ackerbürgerstädtchen, wo noch das Vieh durch die Straßen getrieben wurde und die meisten Bürger Selbstversorger waren. Ein gutes Geschäft ließ sich hier beim besten Willen nicht machen. Außerdem hatte Agnes den Entschluß zum Erwerb des Ladens in dem denkbar schlechtesten Augenblick der Nachkriegszeit Deutschlands gefaßt: im Jahre 1932, als die Weltwirtschaftskrise – die 1928 mit dem New Yorker »Börsenkrach« begann – auf Deutschland übergegriffen hatte. Selbst in dem kleinen, landwirtschaftlich orientierten Plathe gab es Arbeitslose und große Not.

14 Plathe an der Rega. Das Lebensmittelgeschäft meiner Mutter in der Wilhelmstraße.

Die Mutter hatte sich also sehr verrechnet, wenn sie geglaubt hatte, abermals mit einem Lebensmittelhandel – wie einst nach dem Ersten Weltkrieg in Breslau – ihr Glück zu machen. Wo es so viele Selbstversorger gab, konnte eine Lebensmittelgeschäft nur sehr begrenzten Erfolg haben. Mit anderen Worten: Das Geschäftchen ging nicht gut, es ging eher ziemlich schlecht, und es konnte ihr und mir den Lebensunterhalt nicht sichern. So besann sie sich auf ihre »Schneider-künste« und begann für die Frauen vom Lande und für die bescheidenen Kleinstädterinnen Kleider zu nähen. Das war schon deswegen vonnöten, weil sie mir den Besuch einer höheren Lehranstalt ermöglichen wollte. In Plathe gab es aber nur eine Volksschule und das nächste Lyzeum lag in dem 14 Kilometer entfernten *Greifenberg* (Abb. 15). Ich wurde somit Fahrschülerin und so mußte das Geld für eine Monatskarte der Reichsbahn und noch das Schulgeld aufgebracht werden.

Trotz der finanziellen Misere hatten wir – sie und ich – aber großes Glück. Indem ich nämlich nach Greifenberg zur Schule fahren mußte, stieß ich im dortigen Lyzeum auf zwei Lehrkräfte, die beide Mitglieder der Anthroposophischen Gesellschaft waren: Helene Grünschloß und Stella Dammrich. Daß die kleine Göre aus Plathe etwas von Rudolf Steiner wußte, hat sie verwundert, und da ich Lektüre über ihn erbat, begannen sie, einmal wöchentlich mit mir Steiner-Vorträge zu lesen. Meine Mutter war damit sehr einverstanden und es freute sie auch, daß die beiden Lehrerinnen mich in den Sommerferien mit nach Dornach nahmen, wenn sie zum Goetheanum fuhren.

Für meine Mutter war es selbstverständlich, daß ich 1937 nach der Beendigung der zehnklassigen Greifenberger Schule nach Stettin auf eine Oberschule geschickt wurde, um dort das Abitur machen zu können. Den Start in Stettin ermöglichten mir Grünschloß und Dammrich, und es dauerte nicht lange, daß ich eine »Freistelle« auf der »Kaiserin Auguste Viktoria Schule« bekam und bald auch ein monatliches Stipendium der Stadt Stettin erhielt, das mir Kora Gaedke-Timm verschaffte, nachdem ich sie in der Stettiner »Christengemeinschaft« kennengelernt hatte. Meine Mutter tolerierte alle meine anthroposophischen »Allüren«, ließ sich selber aber nicht davon »anstecken«. Dennoch war ich sicher, daß ich mich auf sie verlassen konnte, als 1936 die Anthroposophische Gesellschaft durch die Nazis verboten wurde. Das Verbot konnte für sie nur eine Bestätigung für die Rechtschaffenheit der Anthroposophen sein; denn von den Nazis konnte doch nie etwas Gutes kommen. Sie war und blieb eine überzeugte Antifaschistin.

Demonstrativ ging sie fast täglich in das letzte jüdische Textilwarengeschäftchen, das in Plathe noch vorhanden war, um dort eine Rolle Nähseide oder ähnliches zu kaufen, auch wenn sie es gar nicht brauchte. Als die örtliche SA sich vor dem Lädchen aufgebaut hatte, um potentielle Käufer abzuschrek-

15 Greifenberg. Lyzeum

ken, ging sie erst recht in das »Judengeschäft« und unterhielt sich lange und ausführlich mit den diskriminierten »Nichtariern«, dem Antisemitismus trotzend.

Das sorgte für große Aufregung in der kleinen Stadt, deren Bewohner fast alle zu Nazis und Judenfeinden gemacht worden waren. Doch das hinderte meine Mutter nicht daran, jeden Abend zu einem Ackerbürger zu laufen und bei ihm frische Milch zu holen, die sie zu der Jüdin brachte, als die ein Kind geboren hatte und an die der Bauer nichts mehr verkaufte. Jedem, der es hören wollte, erzählte sie, daß ich einst durch jüdische Muttermilch am Leben erhalten wurde, – und dann schwiegen ihre Kritiker.

»Ihre« kleine jüdische Familie bekam später sogar die Genehmigung zur Ausreise in die USA, als Hitler 1936 vor der Olympiade in Berlin einmal gute Laune walten ließ. Agnes half »ihren« Juden beim Packen ihrer Sachen, auch wenn die Plather Bürger sie beschimpften und ihr Verhalten empörend fanden. Man boykottierte eine Zeitlang ihr kleines Geschäftchen, aber letztlich war sie stärker als ihre Gegner.

Zu Kriegsbeginn 1939 wurden die Schulen vorübergehend geschlossen. Ich gehörte zu den Glücklichen, die das Abitur »nachgeworfen« bekamen, das eigentlich erst im Frühjahr 1940 fällig gewesen wäre. Wir sollten alle den halbjährigen »Reichsarbeitsdienst« ableisten, vor allem, wenn wir zum Universitätsstudium zugelassen werden wollten. Meine Mutter half mir geschickt, diese »Ehrenpflicht« des

Arbeitsdienstes zu umgehen. Weil plötzlich alle jungen städtischen Beamten zum Soldatendienst eingezogen wurden, bot sie dem Bürgermeister der kleinen Stadt Plathe an, mich, die frischgebackene Abiturientin, in der Stadtverwaltung zu beschäftigen. So konnte ich unter dem Motto »Kriegshilfsdienst« dem staatlich verordneten »Arbeitsdienst« entgehen und wurde mit der Leitung des »Ernährungs- und Wirtschaftsamtes der Stadt Plathe in Pommern« beauftragt. Ich fand das gar nicht schlecht, bekam ich doch eine kleine Entschädigung und ein Dienstzimmer im Rathaus – mit Telefon! (Abb. 16). Obendrein hatte ich gleich mehrere »Untergebene« zu beschäftigen. Es waren vier junge Männer, die mit ihren Eltern ihre baltische Heimat auf Befehl des »Führers« hatten verlassen müssen. Viele waren dem »Führerbefehl« begeistert gefolgt. Nun sollten sie sich sofort »freiwillig« zum Dienst in der Waffen-SS melden. Als »Auslandsdeutsche« fühlten sie sich offensichtlich besonders stolz, endlich »ins Reich« gekommen zu sein. Nur einer der Vier, Johann Straube, machte eine Ausnahme. Als man ihm in meiner Gegenwart den Aufnahmeantrag für die Waffen-SS vorlegte, sagte er: »Das soll doch wohl alles freiwillig sein! Dann unterschreibe ich nicht!« Eine peinliche Stille folgte. Doch der Johann ließ sich nicht irritieren. Er blieb fest. Ich konnte meine Freude über seine offenkundige Ablehnung der großdeutschen Herrlichkeit kaum verbergen und wir wurden Freunde fürs ganze Leben. Als ich meiner Mutter von seinem Verhalten

16 Renate Riemeck als Leiterin des »Ernährungs- und Wirtschaftsamt der Stadt Plathe in Pommern«.

erzählte, freute sie sich darüber ebenso wie ich. Von ihr erfuhr ich dann, daß man die Baltendeutschen aus Liebau zuerst nach Polen gebracht und sie dort in Wohnungen einquartiert hatte, wo sie noch die Reste eines Mittagessens der vertriebenen Polen vorfanden. Welch eine Begrüßung für die ehrsamen Baltendeutschen! Meine Mutter konnte ihre Empörung über die Naziherrschaft nur mühsam im Zaume halten. Ihre Ablehnung des »größten Führers aller Zeiten«, wie die Nazis Hitler titulierten, konnte nur noch größer werden.

Es war nicht leicht für sie, in dem kleinen Plathe zu leben, wo jeder jeden kannte und sie ihre Hitlergegnerschaft nicht immer verbergen konnte. Aus allen komplizierten Situationen verstand sie sich aber hinauszuwinden. Außerdem besaß sie eine Art von »Schutzengel« in der Stadtgemeinde. Das war der eine und einzige uniformierte Polizist in Plathe, der schon lange dort ansässig war und bei Schlägereien und Unrechtmäßigkeiten sicher und rasch eingriff. Eines Tages erschien er in ihrem Geschäftchen, um sich ein Päckchen Tabak zu kaufen. Man kam ins Gespräch und so erfuhr Agnes von ihm, daß er aus Westpreußen stammte und in *Zdrada* geboren war. Zdrada, der Geburtsort ihres Vaters Johannes Steffan! Beide waren so verblüfft und erfreut, daß der Polizist ihr fortan alle polizeilichen Ereignisse brühwarm erzählen kam. Wer in Plathe wußte schon etwas von der Kaschubei! Ihr gemeinsames Wissen um die Existenz eines fast vergessenen Dorfes, das auf keiner Landkarte zu finden war, schuf eine vertraute Übereinstimmung in allen Angelegenheiten des öffentlichen Lebens in dem pommerschen Städtchen, in dem beide sich irgendwie als Fremde empfanden. Der Polizist, dessen Name ich leider vergessen habe, beschützte sie auch, wenn ihr eine Anzeige wegen ihrer negativen Äußerungen über Hitler und die Nazis drohte. Er wies den oder die Denunzianten einfach zurück und verbürgte sich für sie oder er gab ihre Redereien einfach nicht an die Gestapo weiter. Gleichzeitig warnte er meine Mutter vor den Gefahren, denen sie sich ständig aussetzte. Nur sie wußte deshalb auch, daß der Mann aus Zdrada selber auch kein überzeugter Nazi war, sondern an dem »Führer« zweifelte.

Aber was ist schon ein verläßlicher Gesinnungsgenosse in einer Stadt von dreitausend Einwohnern. Agnes mußte sich doch politisch und menschlich recht vereinsamt fühlen, besonders als ich Plathe verlassen hatte, um in Stettin die Oberschule zu besuchen und Abitur machen zu können. Gelegentlich besuchte ich sie an einem Wochenende. Für regelmäßige Besuche aber hätte mein Geld nicht gereicht. Ich wußte, daß sie ihr Alleinsein tapfer ertrug und in großer Bescheidenheit lebte, immer auf eine bessere Zukunft hoffend und daß sie unentwegt von der ererbten Arbeitsamkeit ihrer Mutter Rosalia beseelt war. Sie war stolz auf mich und nahm meine Abwesenheit wacker hin, auch als ich mich geographisch noch weiter von ihr entfernte und im Frühjahr 1940 zum Studium nach Jena ging. Daß sie es geschafft hatte, die Tochter trotz ihrer erbärmlichen Verhältnisse einen erstklassigen Bildungsweg gehen zu lassen und diese ihr dabei nicht zur Last fiel, hielt sie für selbstverständlich. Sie glaubte allerdings, daß Eltern einen Besitzanspruch auf ihre Kinder haben und machte sich falsche Vorstellungen über ihre eigene Zukunft. Es waren Vorstellungen, die dem 19. Jahrhundert entsprachen: Ein Dasein in der bleibenden Obhut der Kinder. Daß ihr einziges Kind eigene Wege gehen mußte und wollte, wurde ihr zum dauernden Schmerz.

Ihn zu überwinden, war vielleicht die größte Tat in dem Auf und Ab ihres wechselvollen Lebens. Sie hat ihn nämlich überwunden, den Schmerz, und konnte einen gnädigen und sogar sehr schönen Tod sterben.

Das Zerwürfnis

Um die Tragweite meines Zerwürfnisses mit meiner Mutter zu verstehen, muß man sich vorstellen, daß es sich 1941, also in der Nazizeit und im Krieg ereignet hat.

Deutschland hatte Polen, Norwegen und Dänemark unter seine Gewalt gebracht, die Niederlande und Belgien, ja sogar Frankreich besetzt. Das »Afrikakorps« des General Rommel war aufgestellt worden und zum Angriff auf britische Truppen in der Kyrenaika angetreten. Würde Hitler seine sogenannten »Blitzkriege« fortsetzen?

Meine Mutter befand sich nicht in dem Siegestaumel, von dem die meisten Deutschen 1940 erfaßt waren. Sie lehnte ja den Nationalsozialismus grundsätzlich ab, und die militärischen Erfolge Hitlers betrachtete sie als eine Gefahr für die Zukunft der europäischen Völker. Darin waren wir uns beide völlig einig. Wenn ich sie in den Semesterferien besuchte, tauschten wir unsere Beobachtungen und Einschätzungen immer aus und ich stellte stets fast, daß sie die »Feindsender« des britischen Rundfunks ebenso gehört hatte wie ich, vor allem die Kommentare des schweizerischen Historikers von Salis, von dem man andere Kriegsberichte erhielt als vom »Großdeutschen Rundfunk«.

Ich befürchtete allerdings immer, daß meine Mutter ihre durch Radio London erfahrenen Kenntnisse ausplaudern könnte, und das hätte Zuchthausstrafe oder Konzentrationslager bedeuten können.

Meine Nazigegnerschaft im Hitlerreich hatte schon eine längere Tradition. Ich war schon als Schülerin, noch vor dem Abitur, mehrmals aus dem Hitlerreich herausgekommen; 1936, 1938 und kurz vor Kriegsbeginn. Stets war ich zu den Sommertagungen des »Goetheanums« in Dornach gefahren und hatte auch die erste vollständige Aufführung von Faust I und II mitmachen können. Meinen Mutter duldete das sehr großzügig, obwohl sie doch wußte, daß die Anthroposophische Gesellschaft in Deutschland verboten war. Sie war keine Anthroposophin, aber stand Rudolf Steiner nicht ablehnend, sondern eher respektvoll gegenüber.

Seit 1940 studierte ich Geschichte und Germanistik an der Universität Jena, wo ich geschickt den Vorlesungen nationalsozialistischer Dozenten zu entgehen verstand. Ich verlegte mich auf die mittelalterliche Kirchen- und Ketzergeschichte, also auf ein Spezialgebiet, von dem die Nazis so gut wie nichts verstanden und mir infolgedessen freie Hand ließen. Sie dachten, sie seien selber auch unchristliche Ketzer, die Ketzer also Leute wie sie. Das war aber ein großer Irrtum; denn die Ketzer sind doch meistens die besseren Christen in ihrer Zeit gewesen. Meine Liebe zu den Ketzern brachte mich tiefer in die christliche Glaubenswelt hinein und führte mich von der Naziideologie noch weiter weg als zuvor. Meiner Mutter war diese Haltung nur recht, und sie war stolz auf mich, als ich mir schon im 4. Semester meine Doktorarbeit habe geben lassen.

Inzwischen hatte ich meine Wohnung gewechselt und war auf eine lustige Art und Weise von zwei Kindern zu meinem Umzug veranlaßt worden. Wienke und Ulrike Meinhof hießen sie und hatten oft mit mir gespielt, weil ich mit ihrer Mutter Ingeborg die gleichen Studienfächer belegt hatte. Die Kinder hatten gerade ihren Vater durch eine Krebskrankheit verloren, und da ich oft mit ihnen spielte und auch ihr Spielzeug reparierte, betrachteten sie mich als eine Art Ersatz für ihren schweren Verlust. Sie fanden jedenfalls, daß ihre Mutter mir das Zimmer vermieten sollte, das sie aus finanziellen gründen abgeben mußte. Beide Kinder sollten mir ein Leben lang verbunden bleiben.

Meine Mutter war über meinen Jenenser »Familienanschluß« sehr erfreut, und so kam sie in den Osterferien 1941 mich einfach mal besuchen. Alle sahen ihrem Kommen erwartungsvoll und vergnügt entgegen.

Zu ihrer Überraschung traf sie in Jena den Großvater der Kinder von *Johannes Guthardt* an. Sie verstand sich sofort bestens mit ihm, weil beide politisch auf der gleichen Linie lagen. Guthardt war Regierungsschulrat gewesen und 1933 als SPD-Mitglied bei der »Machtergreifung« der Nazis sofort entlassen worden. Dem Gefängnis war er mit knapper Not entgangen.

Die Begegnung der beiden Hitlergegner verlief in erfreuter Übereinstimmung, wie es bei überzeugten Antifaschisten ja nur der Fall sein konnte. Meine Mutter und er sprachen sich sehr freimütig aus und ließen keinen Zweifel daran, daß sie das Schlimmste für die Zukunft Deutschlands und Europas befürchteten, wenn den Nazis nicht Einhalt geboten würde. Hitler müßte gestürzt werden, selbst wenn das nur durch einen Sieg der Alliierten (Ostern 1941 zunächst nur Großbritannien und Frankreich) und also durch eine deutsche Niederlage möglich sein würde.

Guthardt und meine Mutter waren nach nationalsozialistischer Auffassung also »Landesverräter«. Ein Bekanntwerden ihrer Feindschaft gegenüber Hitler hätte beiden schlimmste Repressalien eingebracht.

Beide waren sich dessen bewußt und deshalb auch doppelt froh, daß sie so offen miteinander sprechen konnten. Sie taten sich keinerlei Zwang an und beide reisten sehr erfreut über ihre Übereinstimmung wieder ab, Guthardt nach Berlin-Reinickendorf und meine Mutter nach Plathe in Pommern.

Nach den Osterferien 1941 setzte ich mein Studium an der Universität München fort. Ich wollte mich vorwiegend mit der deutschen Lyrik des 17. Jahrhunderts befassen, also mit Dichtungen aus der Zeit des Dreißigjährigen Krieges (1618/48), der so viel Ähnliches mit unserer eigenen Zeit hatte. Es war also Barockliteratur und Barocklyrik, die mich anzogen, und in München gab es einen bekannten

Kenner dieser Gattung, den Germanistikprofessor Herbert Cysarz. Seine spritzigen Vorlesungen konnten mich begeistern, und außerdem gab es ja so viel Barock in München und Bayern. Wanderungen von Kirche zu Kirche und von Schloß zu Schloß bereiteten mir großes Vergnügen. Noch hielten sich die Luftangriffe der Alliierten in Grenzen.

Bei schönstem Frühlingswetter begann ein verheißungsvolles neues Semester für mich, wie es schöner nicht sein konnte. Meine Barockseligkeit sollte aber nur von kurzer Dauer sein. Ein Telegramm meiner Mutter riß mich in die rauhe Wirklichkeit zurück. Zu meinem Schrecken las ich, daß sie schwer erkrankt sei und ich sofort nach Plathe kommen müsse. Von Jena nach Plathe war es ja schon weit, aber von München nach Hinterpommern! Das war nicht nur eine lange, sondern auch sehr teure Reise. Die Mutter mußte schon schwer erkrankt sein, wenn sie mich nach Plathe rief. Ich borgte mir also das Geld für die Fahrkarte, und sehr deprimiert und sorgenvoll machte ich mich auf die Reise vom äußersten Süden bis zur deutschen Ostseeküste.

Als ich endlich in Plathe angekommen war und auf ihr Haus zuging, dachte ich, ich sehe nicht recht. Meine Mutter stand heiter und mit Nachbarinnen plaudernd vor ihrem Haus. Von Krankheit und Schwäche keine Spur. Ich wußte nicht, wie mir geschah. Was sollte ich davon halten? Ich ging mit ihr ins Haus, stellte meinen Koffer ab und bat sie um eine Erklärung für ihr sonderbares Verhalten. Sie fuhr mich an: »Ich hatte eine Herzschwäche, und du warst nicht in meiner Nähe. Du wirst sofort München verlassen und an der Universität Greifswald studieren. Dann kannst du schneller bei mir sein.«

Vergeblich versuchte ich ihr klarzumachen, daß ein Universitätswechsel während des Semesters nicht möglich sei und mein Stipendium, nur für dieses eine Semester und nur in München gültig sei. Sie wäre ja gar nicht krank, daß ich in ihrer Nähe sein müsse. Sie ließ mich aber kaum zu Worte kommen und fuhr mich an: ich verweigere ihr den Gehorsam und wisse anscheinend nicht, daß ich noch nicht »mündig« sei und ihr deshalb zu gehorchen habe. Sie hätte mich in Jena als einen völlig veränderten Menschen erlebt, selbstbewußt und eigenwillig. Daß es ihr gesundheitlich wieder besser gehe, spiele ja keine Rolle. Als Unmündige unterläge ich gesetzlich ihrem Willen. Sie verlangte von mir, daß ich München verlassen und in Greifswald weiterstudieren solle. Das sei wesentlich näher und ich stünde dann leichter zu ihrer Verfügung.

Als ich wiederholte, daß ein Universitätswechsel während des laufenden Semesters nicht gestattet sei und ich mein Stipendium ausdrücklich für München bekommen hätte, steigerte ich ihren Zorn, und je schweigsamer ich wurde, desto mehr geriet sie in Rage. Zornig schrie sie mich an: »Ich weiß, wie ich dich kirre machen kann: wenn du mir den Gehorsam verweigerst, dann werde ich den Schulrat Guthardt, den ich bei dir in Jena kennengelernt habe, bei der

›Gestapo‹ anzeigen, und das KZ ist ihm dann sicher!« – »Dir aber auch«, entgegnete ich ihr, ergriff meinen noch nicht ausgepackten Koffer, verließ sie grußlos und begab mich sofort zum Bahnhof. Auf schnellstem Wege fuhr ich nach München zurück, nicht ohne beim Aufenthalt in Berlin Johannes Guthardt schnell verständigt zu haben.

Ein entsetzlicher Schlag hatte mich getroffen. Meine Mutter, meine so wackere antifaschistische Mutter hatte mit der Anzeige eines befreundeten Menschen bei der Gestapo gedroht, nur um mich gefügig zu machen. In mir zerbrach die herzliche Liebe, die ich bis zu diesem Augenblick immer zu ihr empfunden hatte. Meine Mutter, die geheime, aber überzeugte Hitlergegnerin wolle einen Gesinnungsgenossen den Nazischergen ausliefern, nur um mich zu unterwerfen: Ich schämte mich für sie.

Fortan stand ich ständig unter dem Druck, den sie mit ihrer Drohung auf mich ausübte. Selbstverständlich hat sie diese Drohung nicht wahrgemacht, aber sie schwebte während meines weiteren Studiums doch ständig über mir.

In dieser irritierenden, stets beunruhigenden Lage setzt ich das Studium fort in einem Eiltempo ohnegleichen. Nach sechs Semestern meldete ich mich zum Doktorexamen, wobei ich unwahrscheinliches Glück hatte; denn ich hatte eine verloren geglaubte Urkunde über ein Inquisitionsverfahren wiederentdeckt, und nach sieben Semestern konnte ich mich schon mit dem »Doktorhut« schmücken. Wahrscheinlich ist mir meine Dissertation nur so gut gelungen, weil ich wie die »Ketzer« des 15. Jahrhunderts in beständiger Angst vor der modernen Inquisition durch die Gestapo existiert habe.

Meiner Mutter teilte ich nur auf einer Postkarte mit, daß ich den Doktortitel erworben hatte, so sehr hatten wir uns auseinandergelebt. Wie sie die zwei noch folgenden Kriegsjahre in ihrem hinterpommerschen 3000-Seelen-Nest Plathe durchlebt hatte, wußte ich nicht. Erst die Begegnung mit der alten Plather Lehrerin in Köln ließ mich wieder den Kontakt zu ihr finden und aufnehmen. Zu hören, was sie während der großen Flucht der Ostdeutschen erlebt hatte, war so überwältigend für mich, daß ich mir vornahm, über sie und ihr Leben später einmal etwas Schriftliches niederzulegen. Heute – vierzig Jahre nach ihrem Tode – glaube ich dazu in der Lage zu sein.

Begegnung in Köln

Es war einige Jahre nach Kriegsende, als ich in dem zerbombten Köln den Zug wechseln mußte. Ich wollte mit dem »Hoeck van Holland-Express« in Richtung England reisen, wo ich für zwei Trimester eine Gastvorlesung über deutsche Geschichte halten sollte. Ich war noch eine blitzjunge Dozentin, und man hatte mich wohl eingeladen, weil ich eine politisch »reine Weste« hatte und schon im sogenannten »Dritten Reich« in Kontakten zu antifaschistischen Widerstandsgruppen gestanden hatte, war also ein seltenes Exemplar in meinem Jahrgang.

Die bevorstehende Aufgabe im unbekannten England freute und bedrückte mich zugleich. Während ich noch darüber nachdachte, wie ich den englischen Lehrerstudenten im *Shenstone College* (bei Birmingham) etwas über Bismarck erzählen sollte, den ich ganz und garnicht ausstehen konnte, sprach mich plötzlich eine alte Dame an: »Sind sie nicht ...?« Ja, ich war es, und mit einiger Mühe erkannte ich mein Gegenüber. Es war eine ehemalige Volksschullehrerin aus *Plathe* – ein »Ostflüchtling« also, der Anfang Januar 1945 auf die große Flucht vor der heranrückenden russischen Armee gegangen war.

Unterrichtet hatte die alte Lehrerin mich aber nicht, denn ich besucht ja die höhere Lehranstalt in *Greifenberg*, der nächsten kleinen Stadt. Nur vom Sehen war ich ihr also bekannt, aber ihre Freude war sehr groß, als sie ein bekanntes Gesicht wiedersah. Fast zehn Jahre waren vergangen, seit wir uns gesehen hatten. Was hatte ich in der Zwischenzeit nicht alles erlebt! Die alte Lehrerin war aber in Plathe geblieben und erzählte mir nun eine wahre »Heldengeschichte« von meiner Mutter, die ebenfalls bis Kriegsende dort gelebt hatte. Was die alte Lehrerin nicht wissen konnte, war die schwere Auseinandersetzung mit meiner Mutter und daß wir jeden Kontakt verloren hatten. Um so mehr berührte mich die Erzählung über das Kriegsende in Plathe und die Rolle, die meine Mutter dabei gespielt hatte.

Im bitterkalten Winter 1944/45, so erzählte die Lehrerin, haben die Nazibehörden im Januar plötzlich die Räumung Ostpommerns befohlen, weil die siegreichen Russen unaufhaltsam gen Westen vorrückten. Völlig überrascht, ratlos und verwirrt, packten die Plather ihre Siebensachen zusammen, und viele hatten noch immer an ihren »Führer« Adolf Hitler geglaubt und auf die von ihm versprochene »Wunderwaffe« gehofft. Es herrschte ein totales Durcheinander. Und das wurde zur großen Stunde meiner Mutter. Offenbar war sie die einzige, die einen kühlen Kopf behielt. Sie ergriff ein herumstehendes Leiterwägelchen und packte es mit Kindernährmitteln, Milchpulver und einem Säckchen Linsen voll, alles Waren aus ihrem kleinen Lebensmittelgeschäft. Sämtliche persönlichen Gegenstände ließ sie zurück. Und dann wurde sie wie von selber zur Anführerin des kleinen Plather Trecks. Frauen,

Kinder und Greise sammelten sich um sie und folgten ihren Anweisungen. »Es sind noch 70 Kilometer bis Stettin«, sagte sie, »und wir müssen unbedingt die ›Gustloff‹ erreichen«. Jeder wußte, daß die »Gustloff« ein ehemaliger NS-Vergnügungsdampfer war, den man jetzt zu einem Flüchtlingsschiff umfunktioniert hatte.

Der Weg war also noch weit, und mit ihren 60 Jahren war meine Mutter nicht gerade die Jüngste im Plather Treck. Aber sie schritt wacker der Gruppe voran und stapfte durch den tiefen Schnee oder über die vereiste Landstraße. Man hörte in der Ferne das Grollen der heranrückenden russischen Geschütze. Meine Mutter befahl nach einiger Zeit zu rasten. Sie ließ aus einem schon verlassenen Haus die Möbel herausholen und verlangte, sie anzuzünden. Im wärmenden Feuer wurde gerastet und eine Suppe bereitet. Mancher konnte oder wollte nicht weitermarschieren, als sie den Befehl dazu gab. Erbarmungslos ließ sie alle zurück, die nicht mehr weiterkommen konnten. Für eine hochschwangere Frau aber wurde angehalten, als sie gebären mußte. Meine Mutter forderte, einen schützenden Kreis um sie zu bilden und half bei der Entbindung. Dann nahm sie den Säugling auf ihre Arme und schritt weiter. Als es dunkel wurde, führte sie den kleiner gewordenen Treck in eine Scheune, wo in dem noch vorhandenen Heu übernachtet wurde. Sobald es wieder hell war, stand sie schon gestiefelt und gespornt vor der Tür und drängte zum Weitermarsch. Dann tauchten plötzlich zwei Wehrmachtsautos auf. Meine Mutter stellte sich ihnen in den Weg. »Wir müssen zur Front!« riefen die Soldaten. Aber sie wich nicht und sagte: »Wißt ihr denn nicht, daß der Krieg längst verloren ist? Ihr werdet doch wohl nicht so verrückt sein und direkt in die russische Gefangenschaft fahren wollen! Ladet uns Flüchtlinge auf – und ab nach Westen!« Die befehlsgewohnten Soldaten parierten und folgten ihrer Aufforderung. Der zusammengeschmolzene Plather Treck kam auf diese Weise bis in die Nähe des bereits hart umkämpften Stettin. Dort löste er sich auf, nicht ohne viel Dankesworte für meine Mutter.

Sie selber gelangte zu Fuß oder in Fischerbooten in Swinemünde auf die vorpommersche Seite und über Mecklenburg an die Elbe und kam schließlich irgendwie nach Schleswig-Holstein. Die alte Lehrerin schloß ihre begeisterte Erzählung über meine Mutter, und ich fuhr sehr nachdenklich weiter über Holland nach England.

Kaum war ich im United Kingdom angekommen, als ich bald schon in die Hände des BBC (British Broadcasting Company) fiel und ein Interview über Neonazis in der britischen Besatzungszone geben mußte. Dieses Interview hörte zufällig meine Mutter in ihrem kleinen Radio. Sie schrieb an den Sender, erbat meine Adresse, und als ich einige Wochen später nach Deutschland zurückgekehrt war, fand ich einen Brief von ihr auf meinem Schreibtisch liegen. Sie war auf ihrer Flucht bis nach *Flensburg* gelangt. So nahm ich meinen VW und suchte sie dort auf.

Unsere Begrüßung war herzlich aber durchaus auch distanziert. Nachdem wir uns ausgesprochen und wieder versöhnt hatten, holte ich sie in die Nähe der Stadt Wuppertal, wo ich damals wohnte. In einem schönen evangelischen Seniorenheim, wo sie noch einige Jahre vergnügt lebte, ist sie dann 1956, in ihrem 71. Lebensjahr gestorben.

Ihr plötzlicher Tod ist so charakteristisch für sie gewesen, daß man ihn schildern sollte. Sie wurde bei einer Routineuntersuchung des Hausarztes plötzlich durch einen Postboten gestört, der ihr einen Wertbrief zu überreichen hatte. Sie öffnete ihn und heraus fiel ein Sparbuch auf ihren Namen. Die alte Frau *Graebsch*, eine ehemalige Verkäuferin in ihrem Breslauer Geschäft, die sie seit zwanzig Jahren nicht wieder gesehen hatte, war gestorben und hinterließ ihr ein Sparbuch über 10 000,– Mark. Meine Mutter war über so viel schlesische Treue fassungslos und so erfreut, daß ihr das Herz stehen blieb. Sie starb in den Armen des untersuchenden Arztes einen regelrechten Freudentod.

Als ich sie am nächsten Tag auf ihrem Totenbett liegen sah, war alle Freude aus ihrem Antlitz gewichen. Ernst und unnahbar wie das Bildnis eines mittelalterlichen Ritters auf einem Sarkophag der Gotik lag sie da. Echter hätte sie nicht aussehen können.

Register

Bildnachweis: Archiv der Autorin

Buchveröffentlichungen

Helferich Peter Sturz, Hamburg 1946
Freunde und Helfer der Menschheit, Oldenburg 1949
Kleiner Geschichtsatlas, Oldenburg 1950
Geschichte im Überblick (Hrsg.), 4 Bde, Oldenburg 1957
Zeitenwende – Europa und die Welt seit 1945, Oldenburg 1957
Geschichte für die Jugend, 4 Bde, Stuttgart 1959
Moskau und der Vatikan, Frankfurt am Main 1964/65, Basel ²1983
Mitteleuropa – Bilanz eines Jahrhunderts, 1965, Frankfurt am Main ²1981
Jan Hus – Reformation hundert Jahre vor Luther, Frankfurt am Main 1965, Basel ²1980
Der andere Comenius – Böhmischer Brüderbischof, Humanist und Pädagoge, Frankfurt am Main 1970
Beispiele goetheanischen Denkens – Der Mensch als geistiges Wesen, Basel 1974
Gottfried Arnods Unparteyische Kirchen- und Ketzer-Historie (Hrsg.), Leipzig 1975
Glaube, Dogma, Macht – Geschichte der Konzilien, Stuttgart 1985
Verstoßen, verfemt, verbrannt – Zwölf Ketzerschicksale aus acht Jahrhunderten, Stuttgart 1986
1789 – Heroischer Aufbruch und Herrschaft des Schreckens, Stuttgart 1988
Ich bin ein Mensch für mich. Aus einem unbequemen Leben, Stuttgart ²1994

Elisabeth Wellendorf

Man kann alles auch anders sehen

Schicksalsgeschichten

144 Seiten

»Ich bin denen unendlich dankbar, die aus Katastrophen auferstanden sind, die das, was ihnen das Leben entgegenbrachte, nicht als falsch, unannehmbar, als Strafe oder Ungerechtigkeit bewerteten, wenn es hart war – und als selbstverständlich, wenn es gut war, sondern die es nicht bewerteten, es anpackten als einen nur für sie erdachten Werkstoff, mit dem sie ihr Leben gestalten durften. Jeder und jede von ihnen tat es auf eine ganz einmalige Art.
Sie sind mir zu Orientierungen auf meinem Weg geworden und schützen mich vor dem Hochmut, zu wissen, wie die Welt wirklich ist.«

Elisabeth Wellendorf

Man kann alles auch anders sehen · Wir wußten nur, daß sie Antonia hieß · Sterben im Sonnenuntergang · Ich nannte ihn Elija · Verhinderte Schönheit · Das zweite Gesicht · »Bis bald« · Das ist mir noch immer ein Rätsel · Sie hatte alles auf ihre ganz eigene Art gemacht · Himmel ist für mich, wahrgenommen zu werden · Zwei würdevolle Menschen · Weihnachtsbescherung · Man konnte ihn nicht verstehen, man konnte ihn nur erfahren · Bilder der Wüste · Erlösung · Ein schönes Kind · Eine ganz einmalige und zugleich höchst allgemeine Art von Leben · Heute lächelt meine Schildkröte nicht · Tod eines Kindes · Schon wieder eine Feder weniger · Geschichte einer alten Frau · Alles hat seine Zeit · Herzwechsel · Leben in Todesnähe

MAYER